나는 패키지로
미국 간다

나는 패키지로 미국 간다
미서부편

초판 1쇄 발행 2011년 10월 7일

지은이 하은
펴낸이 노성호
기획편집 박지연 · 정현주 · 김주연
마케팅 은희장 · 김현화 · 강혜리
제작지원 상호관광
디자인 나인플럭스
펴낸곳 주식회사 뿌브아르
홈페이지 www.emoneytree.co.kr

이 책의 저작권은 뿌브아르(주)에 있습니다.
무단전재와 무단복제를 금합니다.

출판 등록 2008년 12월 16일 제 302-2008-00051호
주소 서울시 용산구 한강로 1가 292-3 세화빌딩 301호
전화 (02)774-2545, 2546
팩스 (02)774-2544

ISBN 978-89-94569-17-8 13940

잘못 만들어진 책은 바꾸어 드립니다. 책값은 표지에 있습니다.
이 도서의 국립중앙도서관 출판시도서목록(CIP)은 e-CIP 홈페이지(http://www.nl.go.kr/ecip)에서 이용하실 수 있습니다. (CIP제어번호 : CIP2011000209)

나는 패키지로 미국 간다

미주 최대 한인 여행사 삼호관광과 함께하는 미국 여행

하은 지음

미서부 편

감사의 글 (Acknowledgement)

책이 나오는데 여러 사람들의 도움을 받았다. 우선 삼호관광 신성균 대표와 신영임 부사장 부부의 도움과 후원이 없었다면 이 책은 나오지 못했을 것이다. 신 대표 부부는 필자가 미국 서부를 답사하는 동안 편안하게 취재할 수 있도록 모든 편의를 제공했을 뿐 아니라 책의 방향에 대해 수시로 상의하고 의견을 나누면서 많은 아이디어를 얻을 수 있도록 해주었다. 또한 원고를 읽어보고 부족하거나 잘못된 부분을 꼼꼼하게 지적해주는 세심함을 보여 주었다.

이덕희 부장님, 하용철 상무님, 이중목 가이드, 최원석 가이드, 송용호 부장님(이상 답사 순) 등 여러 가이드 분들은 여행 기간 동안, 각종 편의를 제공해주었을 뿐 아니라 여행지에 대한 다양한 정보를 공유해주었다.

함께 여행을 하지는 못했지만 여행에 관한 여러 아이디어와 정보를 흔쾌히 공유해 준 윤기명 상무님, 조응명 상무님, 케빈 임 이사님, 정승화 이사님, 꼼꼼하게 교열 작업을 해 준 이계일 부장님, 최지웅 부장님 및 여행이 편할 수 있도록 여러 가지로 배려해 준 삼호관광 사무실의 직원들에게 진심어린 감사를 드린다.

또 필자의 기획 아이디어에 흔쾌히 동의하시고 책으로 엮어준 '뿌브아르' 노성호 대표와 원고가 예쁜 책으로 나올 수 있도록 힘든 작업을 마다하지 않은 박지연 씨를 비롯한 뿌브아르 모든 가족들에게도 감사의 마음을 전한다.

미국에서 살고 있는 필자 부부를 위해 언제나 기도로 지원해 주시는 한국에 계신 부모님들께는 감사한 마음뿐이다. 취재 여행을 간다는 핑계로 집을 비우는 데도 묵묵히 참고 가정을 지켜주고 두 아이들을 잘 돌봐준 아내에게 무한한 사랑과 존경을 함께 표한다. 책에 조금이라도 잘못되거나 부족한 부분이 있다면 모두 필자의 잘못임을 밝혀둔다.

Soli Deo Gloria! 모든 영광을 하나님께 돌린다.

차 례

감사의 글 • 4

프롤로그 미국 여행의 대부분은 패키지로 이뤄진다 • 10

01 라스베이거스 · 그랜드캐년 2박3일 • 20
"와우, 원더풀, 뷰~리풀!!!"

Day1 첫째 날 • 26
도로와 철도 교통의 요충지 바스토우 | 사막은 살아 있다 – 모하비 사막 | 환락의 도시에서 컨벤션 · 가족 휴양의 도시로 변모하는 라스베이거스 | 1989년 이후 개발된 '스트립' 지구

Day2 둘째 날 • 46
라스베이거스 탄생의 결정적 역할 한 후버댐 | 구리와 그랜드캐년의 주 애리조나 | 정말 죽기 전에 한번은 봐야 하는 곳, 그랜드캐년 | 아이디어 하나에 의해 탄생한 도시 라플린

Day3 셋째 날 • 56
칼리코, 보너스 같은 여행

02

샌프란시스코·요세미티 2박3일 • 60

'황금의 주' 캘리포니아의 가장 '황금 같은' 코스

Day1
첫째 날 • 67
독립운동 유적지 '리들리' | 농업의 도시이자 교통의 요지 프레즈노

Day2
둘째 날 • 82
칠흑 같은 어둠을 뚫고 요세미티로 출발 | 드디어 낭만의 도시 샌프란시스코로

Day3
셋째 날 • 98

03

브라이스·자이언캐년 및 그랜드캐년 3박4일 • 104

벨라지오에 머물며 3대 캐년 관광하는 럭셔리 상품

Day1
첫째 날 • 112
여행 첫날은 늘 설렌다 | 영화 '스피드'의 배경이 된 고속도로, 한인 건축가가 설계 | 사막이 있어 서부 여행은 더욱 즐겁다 | 세계 4대 명품호텔에서 묵을 수 있다는 기대감 | 화려함과 고상함의 조화 '벨라지오'

Day2
둘째 날 • 123
라스베이거스가 가장 한산한 때 '새벽' | 깨끗하고 풍요로운 유타 | 불기둥처럼 솟아 있는 거대한 기둥들의 향연 '브라이스캐년' | 몰몬교도들의 성실함이 묻어나는 시골 식당 | 무대가 수직으로 세워지는 'KA' 쇼

Day3
셋째 날 • 136
그랜드캐년은 가는 길도 멋있다 | 빠뜨려서는 안 되는 경비행기 투어와 아이맥스 영화 | 시골 읍내 같은 라플린

Day4
넷째 날 • 142
살아 있는 사막, 모하비 | 언제와도 이국적인 칼리코 | 여행 때 보기 좋은 영화 'RV'

04  LA시내 1일 관광 • 148
볼 것 많고 즐길 것 많은
'천사들의 도시' LA

Go! 출발! • 156
LA여행의 출발 '헐리우드' | 아카데미 영화제가 열렸던 '팬테이지 극장'과 웅장한 외관의 '엘캐피탄 극장' | 오전에는 흐린 6월의 LA '준 글룸' | LA 시내를 한눈에 볼 수 있는 '아웃포스트' 전망대 | "유명 인사들은 한 동네에 사는구나" | 헐리우드보다 더 볼 게 많은 '선셋대로' | 고급 주택의 대명사 '베벌리힐스' | 전 세계 유명 브랜드가 모두 모여 있는 '로데오 드라이브' | LA시내가 한눈에 들어오는 '머홀랜드 드라이브' | 영화 세트장을 테마공원으로 개발한 '유니버설 스튜디오' | 한국 문화와 미국 문화가 공존하는 '코리아타운'

05  옐로스톤 · 그랜드티턴 국립공원 3박4일 • 178
지구상의 가장 이색적인 광경,
세계 최초 국립공원

Day1 첫째 날 • 186
비행기 타고 솔트레이크 시로 이동

Day2 둘째 날 • 190
옐로스톤의 전채요리 같은 곳 '베어 월드' | 옐로스톤 관광의 새로운 메카로 뜨고 있는 '웨스트 옐로스톤' | 영화 '흐르는 강물처럼'의 낚시 장면이 생각나는 '화이어홀 리버' | 공원 본부가 자리한 '맘모스 핫스프링' | 미국 국립공원의 상징 '루즈벨트 아치' | 140년 역사의 소도시 '가디너'

Day3 셋째 날 • 206
루즈벨트가 묵고 갔다는 타운 카페 | 1년에 한번 보기 힘든 '그리즐리 베어' | 야생 버팔로와 '조깅'하는 행운 | 여름과 겨울을 동시에 느낄 수 있는 옐로스톤 호수 | 영화 셰인의 배경이 된 '그랜드티턴' | 영화 속 한 장면 같은 잭슨 호수와 모란봉 | 서부 개척 시대를 연상시키는 부유한 은퇴 마을 '잭슨홀' | 잭슨홀 시가 한눈에 들어오는 케이블카

Day4 넷째 날 • 222
여행의 피로가 가시는 소금 온천 | 서부 개척의 역사를 간직한 몰몬 성전 | 솔트레이크 시내 어디서나 볼 수 있는 주청사

부록 01 신성균 삼호관광 대표 대담 • 230

부록 02 LA의 숨겨진 보석 '그리피스 공원' • 264

프롤로그

미국 여행의 대부분은
패키지로 이뤄진다

2010년, 여러 이유로 미국을 다녀간 한국인의 수가 사상 처음으로 100만 명을 넘어섰다. 전체 인구의 2%로, 이제 서울 강남은 물론 지방 어느 소도시에서도 미국을 다녀오는 일은 그다지 대단한 얘깃거리로 취급받지 못하는 시대가 됐다.
미국 정부 전망에 따르면 2015년까지 미국을 찾는 한국인의 수는 150만 명을 넘어설 것이며 무비자 시행이 우리보다 오래됐고 인구 규모가 2.5배 수준인 일본에서 해마다 400만 명씩 미국을 방문하고 있다는 점을 감안하면 이 같은 전망은 충분히 가능하리라 예상된다.

여러 이유로 미국 오지만 결국에는 '관광'
미국을 찾은 한국인들은 비즈니스 또는 친지 방문 등의 여러 가지 목적이 있었지만 결국에는 '아름다운 나라' 미국을 둘러보고 간 경우가 대부분일 것이다. 또 미국을 여행한 이들의 상당수는 자유 여행이 아닌 여행사가 제공하는 단체 여행을 이용하게 마련이다.

실제로 지난해 삼호 관광을 통해 여행을 다녀온 관광객만 6만 명이 넘었다. 한 달에 5000명꼴로, 이들 중 일부는 한국에서 직접 미국 관광을 신청한 경우도 있지만 적지 않은 경우는 미국에 온 뒤 친구나 친지의 소개로 삼호관광의 패키지여행을 다녀왔다.

영어로 의사소통이 가능하다 하더라도 미국 도로 사정이나 여행 문화에 웬만큼 익숙하지 않다면 자유 여행이 쉽지 않다는 점을 감안하면 당연한 현상이다. 또 바쁜 이민 생활을 하고 있는 친구나 친지들이 한국에서 온 방문객들을 모시고 한반도의 수십 배가 되는 미국 땅에 골고루 흩어져 있는 관광지들을 모시고 다니는 것은 사실상 불가능하기 때문이다.

실제로 이곳에서 수십 년째 뿌리를 내리고 사는 상당수 1세 이민자들 역시 장거리 여행에 익숙지 않아 그랜드캐년이나 요세미티 등 유명 관광지를 여행할 때는 여행사들의 패키지 관광을 이용하고 있는 게 엄연한 현실이다.

그럼에도 불구하고 패키지여행은 제대로 대접받지 못하고 있으며 또 패키지여행에 대한 정보는 너무 취약하다. 그래서 젊은 이들이 패키지여행을 다녀오면 시대에 뒤떨어진 약간 구시대 인간으로 취급하는 경향도 있다.

한국인이 여행하기에는 힘든 나라, 미국

하지만 실제로 여행사를 통해 단체 여행을 다녀오면 영어에 익숙지 않은 중장년뿐 아니라 상당히 많은 젊은 계층의 여행자들을 만날 수 있다. 심지어 캘리포니아가 아닌 타주에 어학연수나 교환학생으로 온 대학생과 젊은 대학 교수 또는 신혼부부까지 패키지여행을 통해 미국을 관광하고 있다는 사실을 알 수 있다. 시중에 많은 종류의 여행 책자들이 젊은이들로 하여금 자유여행을 하도록 자극하고 있지만 물설고 땅설은 낯선 이국땅, 특히 미국에서 여행 책 하나에 의지해 혼자 여행하는 건 결코 쉽지 않다.

반면 패키지여행은 많은 장점이 있다. 우선 초행자들이 안심하고 낯선 곳을 여행할 수 있다. 미국에 처음 오는 사람들 가운데 렌터카를 빌려 타고 그랜드캐년을 찾아가고, 또 근처 호텔을 예약해서 편안한 잠자리를 가질 수 있는 사람이 과연 몇 명이나 될까. 설령 그렇게 하더라도 렌터카 비용과 호텔 예약비가 비싸질 뿐 아니라 국제면허를 인정하지 않는 캘리포니아 주에서 운전을 하다가 티켓이라도 받게 되면 골치 아파지기 시작한다.

하지만 여행사를 통하면 마음이 편하다. 무얼 먹을지, 어디서 잘지 불안하거나 고민할 필요가 없다. 물론 여행의 참 맛이 낯선 곳에서 이런 고민을 하는데 있다고 생각하는 사람이라면 예외다. 하지만 먹고 살기 바쁜 대부분의 사람들이 고작 1년에 한두 번 즐기는 여행이라는 '호사'(好事)를 누리면서까지 고생을 사서 하고 싶지는 않은 게 솔직한 심정이다. 그래서 한국에서 손님들이 올 경우 현지인들이 손님들을 여행시키는 가장 좋은 방법이 여행사를 통한 패키지여행이다.

일주일 만에 세계적인 관광지 모두 답사

패키지여행의 또 다른 장점은 짧은 기간에 많은 곳을 관광할 수 있다는 점을 꼽을 수 있다. 아직 한국인들의 여행 문화가 선진국 형이라고 말하기는 어렵다. 미국이나 유럽 같은 여행 문화가 일찍부터 발달한 지역의 사람들은 여행 도중에 서두르지 않는다. 걸음걸이도 천천히 걷는다. 한 곳에 오래 머물며 여행이 주는 여유를 누린다.

하지만 우리는 그렇지 않다. 여행을 왔으면서도 항상 서두른다. 한 곳에 오래 머무르지 않는다. 그랜드캐년을 보러 10시간 이상 차를 타고 달려 왔으면서도 고작 그곳에서 보내는 시간은 채 30분이 되지 않는다. 하지만 이번이 아니면 다시는 이곳에 못 올 수 있는 한국인 관광객들에게 짧은 시간에 유명 관광지를 골고루 돌아볼 수 있도록 하는 것은 패키지여행이 아니면 제공할 수 없는 극상의 편리함이다.

비용이 저렴하다는 것도 장점이다. 혼자서 혹은 2명에서 낯선 미국 땅을 여행하며 호텔방을 잡고, 차를 렌트하고, 먹을거리를 해결한다는 것은 생각보다 비싸다. 하지만 패키지여행은 이런 문제들을 저렴한 가격으로 해결해 주고 있다.

'가방 끈 긴' 미국 가이드들
또 전문 가이드의 수준 높은 설명과 친절한 안내는 여행 기간 내내 낯선 이방인들에 든든한 버팀목이 돼 주기에 충분하다. 여행을 직접 해보면 알게 되겠지만 미국 가이드들, 특히 삼호관광 출신 가이드들의 수준이 높다는 점을 금세 눈치 챌 수 있다. 한국의 유명 대학을 나온 뒤 청운을 꿈을 안고 미국 대학으로 유학 온 케이스가 적지 않아 '가방 끈'이 상당히 긴 편이다.

물론 패키지여행의 단점도 없지 않다. 가장 큰 단점은 패키지여행에 대한 자세한 정보가 제공되지 않고 있는 실정이다. 각 여행사들이 손님들에게 제공하는 것이 겨우 일정이나 관광지에 대한 간단한 정보가 대부분이다. 그래서 여행이 끝나고 나면 막상 어디를 여행했는지에 대한 정확한 정보가 남아 있지 않은 게 현실이다.

가이드에 대한 의존성이 지나치게 커 가이드가 제공하는 정보를 통해서만 미국을 이해하게 된다는 것도 패키지여행의 단점으로 꼽을 수 있을 것이다.

이 책이 기획된 계기도 바로 이런 단점들을 극복하기 위한 것이다. 패키지여행에 대한 좀 더 알 찬 정보를 제공하기 위해서다. 관광회사들이 제공하는 패키지여행을 필자가 수차례 답사하고 가이드들이 제공하는 정보에 수많은 참고 문헌을 통해 얻은 정보들을 추가했다.

서부 대륙 관광 코스에 대한 모든 정보 담다

이 책은 크게 한국인 관광객들이 LA와 라스베이거스, 그랜드 캐년, 요세미티, 샌프란시스코 등 미 서부 대륙을 일주일 만에 모두 돌아보는 5박 6일 또는 4박 5일 코스를 부분적으로 나눠서 엮었다. 한국에서 어떤 일류 관광회사를 선택하더라도 태평양을 건너오면 결국 이 코스로 여행하게 된다. 부분적으로 일부 아울렛 코스나 기차 투어가 포함되는 경우는 있지만 큰 틀에서는 삼호관광이 운행하고 있는 일주일짜리 미 서부 대륙 투어를 '모방' Copy 하거나 아예 삼호관광에 단체 관광객에 맡기고 있는 실정이다.

이 책의 1장(라스베이거스·그랜드캐년 2박 3일)과 2장(요세미티·샌프란시스코 2박 3일)을 합치면 서부 대륙 4박 5일 코스가 되고, 여기에 3장(그랜드캐년·자이언캐년·브라이스캐년 3박 4일)의 3대 캐년 여행을 더하면 서부 대륙 5박 6일 코스가 된다. 끝으로 4장(LA 시내 투어 1일)을 포함하면 한국에서 출발해 7박 8일 동안 미 서부 대륙을 모두 둘러보는 여행 코스가 된다.

5장에는 미국 최초의 국립공원이자 '국립공원'이라는 개념을 처음 도입하게 한 중서부 와이오밍 주의 '옐로스톤' 코스를 포함시켰고, 부록으로 세계 최대의 도심 공원 그리피스 공원 답사기와 삼호관광 신성균 대표와의 대담을 실었다. 패키지여행이 끝난 뒤 친지, 친구들과 추가 여행을 할 계획이거나

여행사가 어떤 식으로 운영되는지에 대해 궁금증이 생긴 여행자들에게 좋은 지침이 될 것으로 생각한다.

앞으로 한국 사람들의 경제 수준이 높아지면서 해외여행, 특히 미국 여행에 대한 수요는 더 커질 것이 분명하다. 그럼에도 불구하고 상당 기간 동안은 여행사를 통해 패키지여행이 이런 수요를 흡수할 수밖에 없을 것이다. 그래서 패키지 관광을 통해 미국 서부 여행을 다녀온 수많은 한인 관광객들에게 이 책이 추억을 떠올리게 해주며 여행 때 충분히 획득하지 못한 정보를 얻고 확인할 수 있는 도구로 사용될 수 있으면 더 없는 영광이겠다.

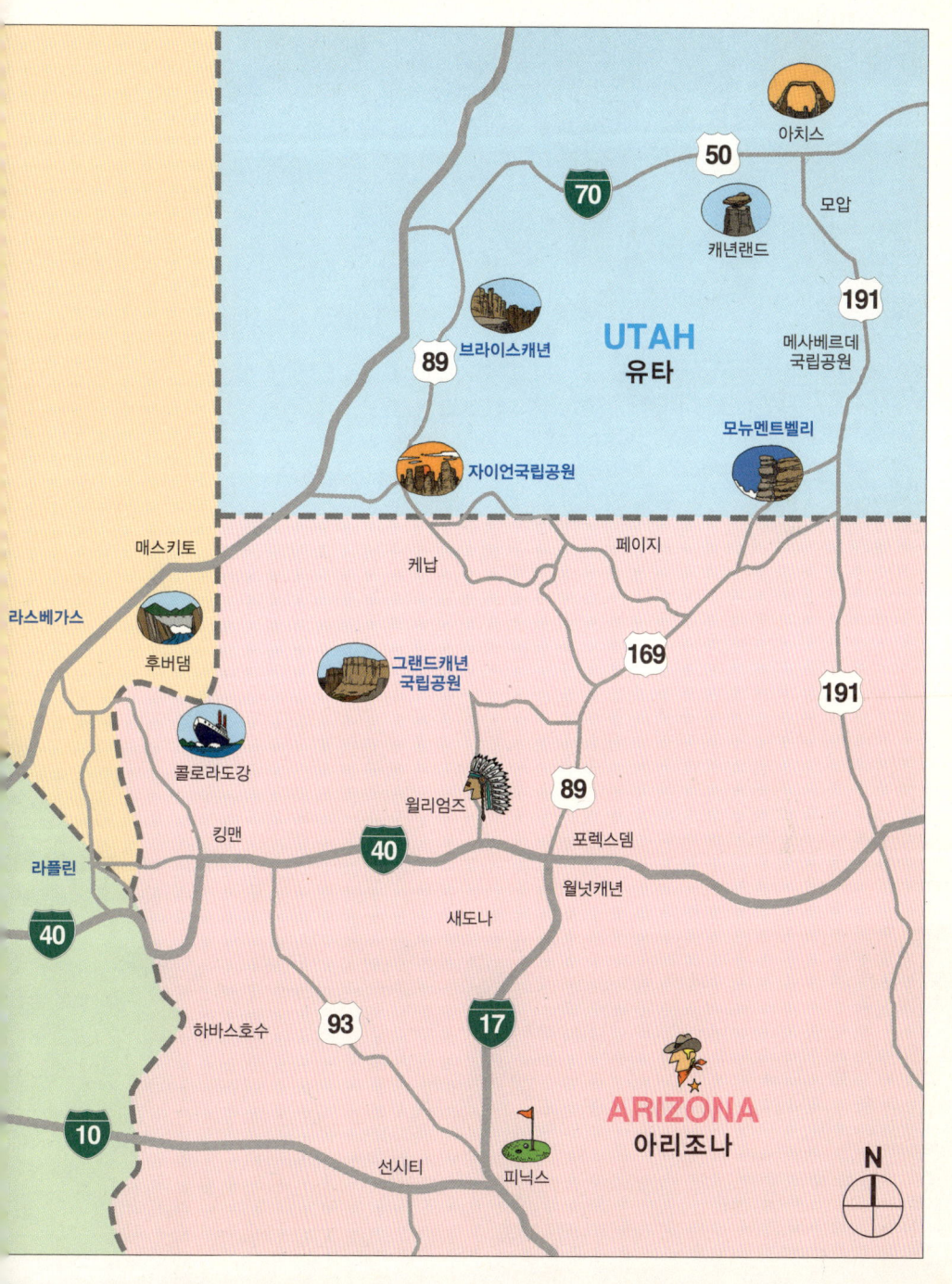

라스베이거스·그랜드캐년
2박3일

바스토우를 반드시 들러야 하는 다른 이유는 바스토우가 광활한 넓이의 '모하비' 사막 입구에 있는 마지막 도시이기 때문이다. 이곳을 지나면 말 그대로 도로가 끝없이 펼쳐지기 시작하고 제대로 된 도시의 모습을 찾기 힘들다. 우리식으로 표현하면 '여기가 마지막 휴게소' 쯤 되는 셈이다.

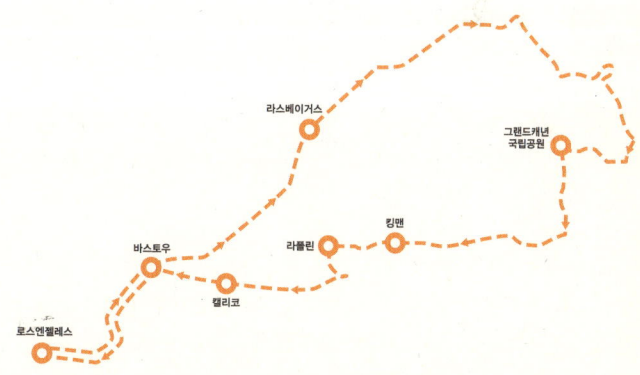

이덕희 '가이사'(왼쪽)와 제이 곽 기사님. 두 사람 사이로 '미 대륙 횡단'이라는 글자가 자랑스럽게 보인다.

여행개요

- 일정 : 2011년 5월 3일(화) ~ 2011년 5월 5일(목)
- 가이드 : 이덕희 부장
- 기사 : 제이 곽 부장
- 이동 : 삼호관광 소유 56인승 대형 리무진 버스

손님들은 이덕희 가이드를 '가이사'(Guide+士)라 불렀다. 한국외대 영어과 출신의 엘리트로 영화와 드라마 연출을 위해 미국에 유학 온 그는 지인을 만나기 위해 LA에 잠깐 들렀다가 다운타운 자바시장에서 옷장사를 시작했다가 '엎고' 가이드의 길로 들어섰다.

교수가 돼서 돌아올 것으로 기대하고 있는 아버지에게 차마 여행사 가이드가 됐다고 말할 수 없어 얼떨결에 '가이사'라고 대답했다고 했다. 한국의 나이 드신 어른들이 판검사나 변호사, 의사처럼 '사'(士)가 들어간 전문 직종을 좋아한다는 생각에 그렇게 말했다는 것이다. 비록 장난처럼 시작된 말이지만 잘 생긴 외모와 부드러운 목소리의 이덕희 가이드는 가이드라는 직업도 충분히 전문직이며 유학생 출신의 엘리트들이 하기에 부끄럽지 않다는 것을 몸소 보여주고 있다.

제이 곽 부장은 삼호관광이 50만 달러의 거액을 들여 구입한 대형 리무진 버스 가운데서도 1호차를 모는 20년 경력의 베테랑 기사다. 운전 실력이 일품이어서 곽 기사가 모는 차를 타고 있으면 흔들림을 거의 느낄 수 없어 장거리 여행도 훨씬 덜 피곤하다.

그랜드캐년 관광이 처음인 한국서 온 관광객들에게 아는 척 좀 하기 위해 그랜드캐년이 네 번째라고 하자 그랜드캐년만 700번 이상 왔다며 필자를 무안하게 할 정도로 가이드 역할도 맡겨만 주면 충분히 해낼 만한 능력의 소유자다. 실제로 간혹 가이드가 손님들에게 빠뜨리는 정보가 있으면 가이드에게 살짝 귀띔해준다.

이 '가이사'와 곽 부장은 지난 2010년 가을, 삼호관광이 한인 관광 업계 최초로 대륙 횡단을 실행했을 때 1호 버스의 가이드와 기사로 호흡을 맞췄을 정도로 찰떡궁합을 자랑한다.

기본 일정

Day 1
LA 삼호관광 출발 → 중간 기착 도시 바스토우 도착 후 점심 → 라스베이거스 도착 후 저녁 식사 및 호텔 체크인(뉴욕뉴욕, 룩소 또는 동급) → 야경 투어(30달러) → 쇼 관람('르 뢰브' 쇼, 160달러 // KA 쇼, 130~150달러)

Day 2
기상 후 조식 및 관광 출발 → 그랜드캐년 도착 → 경비행기 관광(150달러) 또는 I-MAX 관람(13달러) → 점심 → 킹맨에서 휴식 후 라플린으로 이동 → 라플린 도착 후 호텔 체크인(해라스 호텔) → 저녁 식사 뒤 자유 시간

Day 3
기상, 조식 후 출발 → 은광촌 '칼리코' 관광(6달러) → 바스토우 중식 → LA로 출발 → 6시 전후 LA 삼호관광 도착(한인타운 주요 호텔 하차 가능)

※ 일정은 여행 사정에 따라 달라질 수 있음.

한마디로 요약한다면…

이건 정말 좋다
★ 라스베이거스·그랜드캐년 등 한국인들이 가장 보고 싶어 하고 가고 싶어 하는 두 곳을 한꺼번에 볼 수 있다. ★ 일정이 짧아 여행 부담이 적다. ★ 비용이 저렴하다.(2011년 5월 현재 239달러, 기본 옵션 포함) ★ 숙소가 좋다. 라스베이거스 '뉴욕뉴욕'과 라플린의 '해라스' 모두 4성급 이상 호텔이다. ★ 라스베이거스 '진생Ⅱ' 식당 등의 먹거리가 풍성하다. ★ 자주 출발한다.(매주 월·화·토요일)

그래도 이건 좀 아쉽다
★ 버스를 타고 이동하는 시간이 많다. ★ 라스베이거스에서 보내는 시간이 짧다. ★ 그랜드캐년 경비행기, 라스베이거스야경 투어, 쇼 관람 등 옵션 관광을 선택하지 않으면 여행이 피상적이 된다. ★ 절제력을 상실하면 갬블하다 '털릴' 수 있다.

"와우, 원더풀, 뷰~리풀!!!"

19인승 경비행기를 타고 그랜드캐년을 둘러보기 시작했을 때 탄성이 저절로 터져 나왔다. 지난 7년 동안, 그랜드캐년을 4번 방문했지만 비행기를 타 본 것은 이번이 처음이다. 창조주가 자신의 솜씨를 맘껏 뽐낸 그랜드캐년을, 빽빽하진 않지만 듬성듬성하지도 않을 정도의, 밑도 끝도 없이 펼쳐진 '카이밥 Kaibab 향나무 숲 뒤로 숨겨놓았다는 사실도 비행기를 타고 창공에서 보면 금세 알 수 있다. 이전까지의 3번의 그랜드캐년 방문이 수박 겉핥기에 불과했다는 사실을 필자는 경비행기의 프로펠러가 힘차게 돌아가기 시작하면서 이륙을 위한 속도를 낼 때부터 깨달을 수 있었다.

그렇다. '죽기 전에 가봐야 하는 100곳'에 언제나 빠지지 않는 곳이 그랜드캐년이다. 필자는 그런 그랜드캐년을 가장 제대로 보고, 느낄 수 있는 방법이 비행기를 타고 하늘 위에서 감상

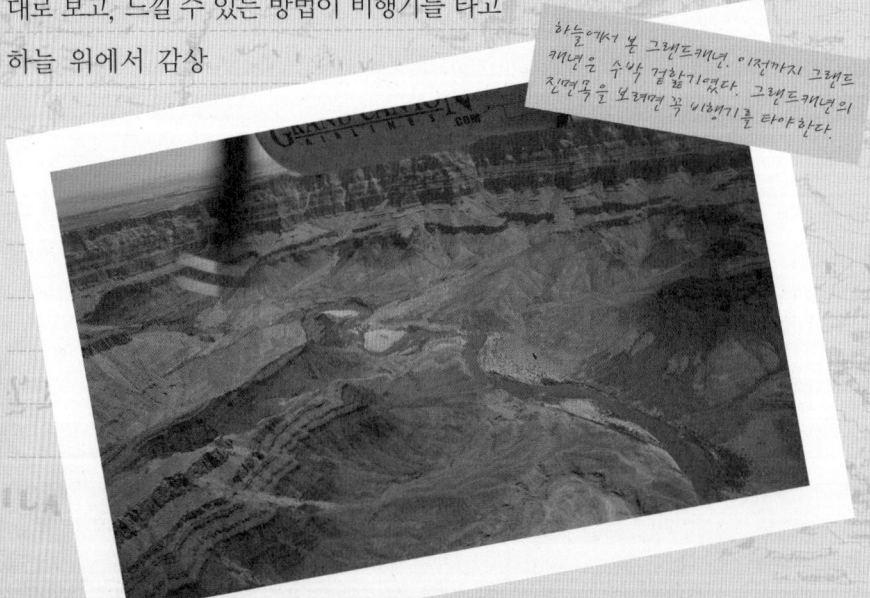

하늘에서 본 그랜드캐년. 이전까지 그랜드캐년은 수박 겉핥기였었다. 그랜드캐년의 진면목을 보려면 꼭 비행기를 타야한다.

하는 것이라고 감히 얘기하고 싶다. 1925년 그랜드캐년에 첫 번째 비행기가 상륙한 이래, 경비행기 투어가 1927년부터 80년 넘게 계속되고 있다는 사실이 나의 이런 생각이 틀리지 않았다는 점을 입증해 줄 것이다.

라스베이거스 · 그랜드캐년 2박3일, 가장 인기 있는 코스

라스베이거스와 그랜드캐년. 미국 반대쪽 대한민국에서 태어난 사람이라면 이름만 들어도 가보고 싶은 곳이다. TV를 켜면 뉴스와 오락 예능 프로의 배경으로 수시로 등장하는 곳이 라스베이거스요, 1989년 이후 한국인의 해외여행이 잦아지면서 이런 수요에 맞춰 늘어난 여행 프로의 단골 소재가 그랜드캐년이다. CF는 또 어떤가. 한국은 물론 미국의 적지 않은 멋있는 TV CF가 그랜드캐년의 멋진 일광 장면을 배경으로 하고 있다. 그러니 왠지 라스베이거스와 그랜드캐년을 가보지 않으면 뒤처진 것 같고, 말 그대로 '죽기 전에 꼭 한번' 가보고 싶은 곳이 라스베이거스와 그랜드캐년이다. 실제로 LA에 유학 왔거나 이민 온 한국인들이 미국 도착 후 첫 번째로 여행하는 곳이 바로 라스베이거스와 그랜드캐년이다.

라스베이거스 · 그랜드캐년 2박3일 관광은 그래서 각 여행사들의 가장 인기 있는 코스다. 매 주말은 물론이고 삼호관광의 경우 주중에도 매주 팀들이 이 코스를 선택해서 떠나고 있다.

Day1 첫째 날

✈ 도로와 철도 교통의 요충지 바스토우

'바스토우' Barstow 는 웬만한 미국 서부 내륙 여행을 떠나면 반드시 거치는 곳이다. 관광회사나 가이드들이 원해서 들리는 곳이라기보다 어쩔 수 없이 들러야 하는 곳이다. 서부 내륙을을 관통하는 15번과 40번 프리웨이가 이곳을 지날 뿐 아니라 중동부를 향하는 주요 철도들도 모두 이곳을 지나고 있기 때문이다. 한마디로 바스토우는 교통의 요지다. 아직까지 대한민국에 경부고속도로와 호남고속도로만이 있던 시절, 영남이나 호남에서 서울을 가려면 반드시 대전을 지나가야 했던 같은 이치다.

바스토우를 반드시 들러야 하는 다른 이유는 바스토우가 광활한 넓이의 '모하비' Mojave 사막 입구에 있는 마지막 도시이기 때문이다. 이곳을 지나면 말 그대로 도로가 끝없이 펼쳐지기 시작하고 제대로 된 도시의 모습을 찾기 힘들다. 우리식으로 표현하면 '여기가 마지막 휴게소' 쯤 되는 셈이다.

9시쯤 LA를 출발하면 12시가 못돼 이곳에 도착하게 되는데 그런 까닭에 대부분의 관광회사들이 이곳에서 점심을 해결한다. 단체 여행 손님뿐 아니라 개인 여행자들도 이곳에서 점심을 해결해야 하고 또 차에 기름도 가득 채워 넣는 게 필수다. 그래서 대형 바퀴 24개 이상을 달고 대륙을 횡단하는 상업용 트럭기사들도 이곳에서 모든 민생고를 해결하게 마련이다. 심지어 '기사님'들을 위한 샤워장이 마련된 주유소나 식당도 있다. 한국식으로는 '기사 식당'인 셈이다.

✈ 사막은 살아 있다 – 모하비 사막

바스토우의 '시즐러' Sizzler 식당에서 점심을 해결하고 2시가 조금 못 돼 본격적인 서부 여행이 시작된다. 여기서부터는 가도 가도 사막이다. 버스는 '모하비 사막' Mojave Deserts을 관통해 바스토우와 라스베이거스를 연결하는 북동쪽 대각선 방향의 15번 고속도로를 끝없이 달리기 시작한다.

이곳에 살던 원주민 인디언 부족 '모하비'에서 따온 모하비 사막의 넓이는 6만 4,750km²라고 하니 경기도와 강원도를 제외한 남한 전체 면적쯤 된다고 보면 된다. 우리가 향하는 라스베이거스도 모하비 사막 한가운데 있는 '사막의 도시'다. 이런 이유로 모하비 사막은 캘리포니아와 네바다, 유타 및 애리조나 등 4개 주의 경계가 되기도 한다. 지리산이 경상남도와 전라남북도의 경계가 되는 것과 같은 이치다. 운전석

모하비 사막 풍경. 비록 사막이지만 나무도 있고 꽃도 핀다. 선인장의 형태가 마치 여호수아가 손을 들고 기도를 하는 모습이어서 '여호수아 나무'라고 부른다.

에서 보이는 차의 속도는 분명 시속 70마일110km이 넘는데 전혀 그렇게 느껴지지 않는다. 바깥 풍경이 계속해서 같은 데다 평지만 줄곧 달리고 있기 때문일 것이다.

사막은 크게 '푸른 사막' Green Desert과 '모래사막' Sand Desert으로 나뉘는데 모하비 사막은 전자에 속한다. 우리가 일반적으로 알고 있는 사막과 달리 곳곳에 식물들이 자라고 있다. '여호수아 나무' Joshua Tree(성경에 나오는 여호수아가 손을 들고 기도하는 모습을 한 선인장류의 나무)가 대표적이며 여호수아 나무의 서식지는 모하비 사막의 경계가 되기도 한다. 모하비 사막에는 모하비 강이 흐를 뿐 아니라 여러 개의 산맥들도 관통하는 등 다이내믹한 지형의 변화를 보여준다.

대개 연간 강수량이 대략 250mm 이하일 경우 사막으로 분류하는데 연중 골고루 비가 오기보다 특정 시기에 집중적으로 비가 오기 때문에 사막이 된 경우가 많다.

모하비 사막은 해발 고도 1,000~2,000m에 이르는 고지대에 위치해 있으며 연간 강수량은 250mm 이하이다. 비는 주로 태평양에서 발원해 시에라네바다 산맥을 넘어온 비구름이 비와 눈을 뿌리는 겨울철에 집중되며 봄이 되면서부터 줄어들기 시작하고 여름철은 건기에 해당한다. 이런 이유로 모하비 사막에는 곳곳에 비가 내려 흘러간 '와디' Wadi 라고 하는 건천의 흔적이 남아 있다.

하지만 모하비 사막에서 보이는 콩과의 '앨팰퍼' Alfalfa (자주개자리) 같은 식물들은 비에 의해서 수분을 공급받기보다는 낮과 밤의 일교차 때문에 발생하는 이슬과 관개 시설에 의한 지하수를 먹고 살아간다. 그런 까닭에 모하비 사막의 식물들은 대체로 키가 작고 잎이 뾰족한 형태를 유지하고 있다.

모하비 사막은 한여름인 7~8월에는 낮 최고 기온이 50°C까지 올라 데스밸리 국립공원, 자이언 국립공원 등과 더불어 북미에서 가장 뜨거운 곳 가운데 하나로 꼽힌다. 겨울에는 극심한 일교차를 보이는데 사막 내 저지대는 최저 영하 7°C까지 기온이 떨어지며 고지대는 영하 18°C까지 내려간다.

그렇다고 모하비 사막은 버려지거나 쓸모없는 땅이 아니다. 역설적이지만 모하비 사막은 쓰레기 처리장으로 사용되고 있다. 미국에서는 쓰레기를 분리수거하지 않는다. 원칙적으로 재활용 가능한 쓰레기와 그렇지 않은 것을 분리하도록 돼 있지만 법적으로 강제하지는 않는다. 대개 검정색 쓰레기 봉지에 이것저것 담아 버리는데 쓰레기차들이 일주일에 한 번씩 수거해 이곳 모하비 사막에 내다버린다.

모하비 사막은 또 수명이 다한 비행기들이 버려지는 곳이기도 하다. 자동차와 마찬가지로 비행기도 수명이 있고 중고 비행기들이 거래되기도 한다. 모하비 사막에는 이런 '비행기 하치장'이 있는가 하면 중고 비행기 거래 장소도 있다.

이제까지의 모하비 사막의 기능이 '버리는' 데 집중됐다면 그렇지 않은 경우도 있다. 우선 모하비 사막은 유용한 군사 시설들이 있다. 바스토우에는 미 육군 군사 훈련장이 있는데 중동 지역의 사막 지형과 유사한 관계로 아프가니스탄이나 이라크 등으로 파병되는 군인들이 이곳에서 몇 달 동안 집중적으로 훈련받는다고 한다.

칼리코 근처에는 또 해병대 물류 창고가 있다. 건조하기 때문에 쇠로 된 장비들이 썩지 않아 오랫동안 보관할 수 있고 교통이 편리하기 때문에 해안가 부대로 이동하기도 유리하다. 에드워드 공군 기지도 모하비 사막에 있어 우주왕복선의 착륙장으로 사용되기도 한다. 몇 년 전 임무를 마친 우주선이 지구로 귀환할 때 LA에서 2시간 떨어진 에드워드 공군기지에 착륙한 적이 있는데 우주선이 대기권으로 들어올 때 '쿵' 하는 소리가 크게 들려 지진이 난 것으로 착각한 적도 있다.

이런 이유로 미국 정부는 사막의 주요 지역을 '보호 구역'으로 지정해 보존에 힘쓰고 있다.

이뿐 아니라 모하비 사막은 역설적이게도 미국 내 최대 관광지역이다. 라스베이거스뿐 아니라 데스밸리Death Valley 국립공원, 조슈아트리Joshua Tree 국립공원, 자이언Zion 국립공원 및 그랜드캐년Grand Canyon 국립공원까지 모두 '모하비 국립보호지구'Mojave National Preserve 안에 들어 있다.

✈ 환락의 도시에서 컨벤션·가족 휴양의 도시로 변모하는 라스베이거스

드디어 사막이 끝나고 라스베이거스다. 연간 4,000만 명이 방문하는 라스베이거스는 일반적으로 도박의 도시, 환락의 도시로 알려져 있다. 맞는 얘기다. 하지만 요즘에는 컨벤션의 도시, 가족 휴양의 도시라는 표현이 더 어울릴 정도로 변하고 있다.

라스베이거스의 역사는 그리 길지 않다. 이곳에는 오래 전부터 '파이우트'Paiute라는 인디언 부족들이 살고 있었다. 하지만 라스베이거스가 본격적으로 개발된 것은 이곳이 애리조나 유타 등의 중서부 사막 지역에서 서부 태평양으로 가기 위해서는 반드시 거쳐야 하는 곳이라는 점에 착안한 철도 회사가 이 지역을 사들인 1905년부터다. 그리고 그보다 6년 뒤인 1911년 라스베이거스는 '시' city 자격을 획득했다.

스페인어로 '초원' Las Vegas이라는 이름에서 알 수 있듯 라스

라스베이거스에 어둠이 깔리면 전구에 눈 하나둘씩 불이 들어오기 시작한다.

베이거스는 사막 치고는 강수량이 많아 풀이 자라는 목초지다. 덕분에 말이나 소를 대량으로 몰고 가는 카우보이들이 이곳에 머물며 쉬었다 가던 게 도시 형성의 기원이 됐다.

말이 나온 김에 덧붙이자면 네바다 주는 전체 면적이 한반도 전체 넓이보다 크지만 대부분이 사막으로 되어 있어 주 전체 인구가 200만 명이 채 못 된다. 이 중 가장 큰 도시인 라스베이거스의 인구도 겨우 50만 명에 불과하다. 이중 한인들도 약 2만 명가량 되는 것으로 추정된다. 라스베이거스 외에는 휴양도시 리노Reno와 주청사가 있는 카슨Carson 등이 겨우 손에 꼽히는 도시들이다.

라스베이거스는 네바다 주정부가 카지노 산업을 합법화한 1931년부터 본격적인 성장의 길을 걷기 시작했다. 1931년은 라스베이거스에 의미 있는 해인데 이 해에 그 유명한 '후버댐' Hoover Dam 공사가 시작됐기 때문이다. 5년 뒤에 완공되는 후버댐과 이로 인해 생긴 미국 최대 인공 호수 '미드 호' Lake Mead는 수많은 일자리 창출로 대공황 극복에 크게 기여했을 뿐 아니라 라스베이거스가 카지노 도시로 성장하는데 필요한 전력과 물을 공급했다. 그러니 후버댐이 없는 오늘날의 라스베이거스는 상상할 수 없는 것이다.

영화 '벅시'에 나오는 마피아 '벅시 시겔'이 후버 댐 건설을 위해 전국에서 몰려든 노동자들이 밤이면 모여서 노름을 하는데서 착안, 사막 한 가운데 정부(情婦) 버지니아 힐의 별명을 따 '플라밍고' Flamingo 호텔을 건립하고 카지노 산업을 일으킨 게 겨우 1941년이다. 그리고 이때부터 라스베이거스는 도박의 도시라는 명성을 얻어가기 시작한다.

라스베이거스의 대표적인 도박 업체로는 '해라스 엔터테인먼트' Harrah's Entertainment 와 'MGM 미라지' Mirage 등이 있는데 이들은 포춘 선정 500대 기업에도 당당히 이름을 올리면서 도박 산업은 미국 경제를 튼튼하게 뒷받침(?)하고 있다.

한 가지 재밌는 사실은 라스베이거스는 대도시임에도 불구하고 미식축구, 야구, 농구, 아이스하키 등 미국 4대 인기 스포츠의 메이저 구단이 없다는 점이다. 도박과 오락에 대한 관심이 다른 곳으로 분산될까봐 유치하지 않는다는 것이다. '스포츠 도박'이 활성화될 수 있다는 우려도 있다. 이런 이유로 농구와 야구 등 마이너리그 팀 몇 개만이 라스베이거스를 기반으로 하고 있다.

대신 라스베이거스에서는 단기 빅이벤트성 스포츠가 자주 열리고 있는데 프로 권투가 대표적이다. 라스베이거스는 뉴욕의 메디슨 스퀘어 가든과 함께 미국 복싱의 메카로 불릴 정도로 특설 링이 많고 유명 매치가 많이 열린다. 요즘에는 권투보다 격투기 시합이 더 인기를 모으는 듯, 시내 곳곳에 시합을 알리는 빌보드를 볼 수 있다.

라스베이거스는 유명 스포츠 스타도 다수 배출했는데 테니스 스타 안드레 애거시와 야구선수 그레그 매덕스 등이 대표적이다.

✈ 1989년 이후 개발된 '스트립' 지구

라스베이거스는 1989년부터 변화하기 시작했다. 도박의 도시, 환락의 도시라는 이미지만 갖고는 '꾼' Gambler들 외에는 끌어들일 수 없다는 생각이 사람들의 머릿 속에 떠오른 것이다. 이때부터 라스베이거스는 대형 호텔들을 활용할 수 있는 방안으로 컨벤션을 생각하게 됐고 현재 라스베이거스에는 연중 대형 컨벤션과 박람회들이 줄을 잇고 있다.

대표적인 것으로 해마다 1월에 열리는 세계 최대 전자제품 박람회인 'CES' Consumer Electric Show가 있다. 경영권에서 물러나 있던 이건희 삼성그룹 회장이 2010년 1월 CES에 아들 이재용 사장을 대동하고 나타난 뒤 경영에 복귀한 건 유명한 일화다.

이 밖에도 라스베이거스에서는 거의 매달 세계적인 규모의 박람회와 컨벤션이 열리는데 관광을 하다보면 정장을 차려입고 이름표를 매단 컨벤션 참가자들을 만나는 게 어려운 일이 아니다.

놀라운 사실은 환락의 도시로 불리는 라스베이거스가 군사 시설, 특히 핵무기 시설로 둘러싸여 있다는 점이다. 실제로 라스베이거스 북쪽에는 핵무기 실험 장소가 자리 잡고 있고 넬리스 공군 기지도 그 곳에 있다. 사실 이런 군사 시설은 라스베이거스가 본격적으로 도박의 도시로 개발되기 전인 2차 대전 당시 사막에 사람이 살지 않는다는 이점과 후버댐에서 생산되는 엄청난 전력을 바탕으로 연방 정부에 의해 의도적으로 계획된 데 따른 것이다.

바스토우를 떠나 차로 3시간 정도 사막을 달리면 도착하는 라스베이거스는 밤에 들어가야 불야성을 이루며 장관을 이루는 모습을 볼 수 있지만 패키지여행의 특성상 아직 어둠이 깔리기 전에 도시에 들어갔다.

라스베이거스에 도착하니 5시가 조금 지났다. 숙소는 '뉴욕 뉴욕' New York New York 호텔이다. 이름만 들어도 설레게 하는 이 호텔은 호텔 외관은 물론 내부까지도 뉴욕 맨해튼을 축소해서 그대로 옮겨놓았다. 호텔 밖에는 크라이슬러 빌딩과 엠파이어스테이트 빌딩 등으로 장식돼 있고 호텔 안은 맨해튼의 길 이름인 '브로드웨이' 같은 것들이 보여 흡사 뉴욕에 온 듯한 느낌이다.

'뉴욕뉴욕' 호텔의 외관. 마치 뉴욕의 맨해튼을 축소해서 옮겨놓은 듯하다.

삼호관광을 통해 라스베이거스를 여행하면 뉴욕뉴욕 호텔 아니면 이집트 피라미드를 형상화한 '룩소' Luxor에서 묵게 되는데 이번에 삼호관광이 라스베이거스 최고급 호텔인 벨라지오와 단독으로 계약을 체결, 5월 16일부터는 1박 당 60달러만 더 내면 벨라지오 호텔에서 묵을 수 있다. 벨라지오 호텔은 호텔 앞 호수에서 15분마다 펼쳐지는 화려한 물 분수 쇼로 유명하다. 〈3장 브라이스·자이언캐년 및 그랜드캐년 3박4일 참조〉

230달러를 내고 하는 단체 여행으로는 뉴욕뉴욕 호텔이나 룩소 호텔만 해도 충분히 호사스럽다는 게 필자 생각이지만 삼호관광 신성균 대표의 생각은 조금 다른가 보다. 단체 여행객들에게 조금이라도 더 좋은 호텔에서 묵게 하자는 게 신 대표의 일관된 생각이다.

호텔에 체크인 한 뒤 저녁 식사는 '진생' Ginseng II(진생은 인삼의 영어식 발음이다)에서 먹는다. 진생은 라스베이거스에서 가장 유명한 한식당이다. 5개가 넘는 체인을 갖고 있어 이역만리 타국땅, 그것도 사막 한가운데서 맵고 얼큰한 게 먹고 싶다면 진생만한 곳이 없다. 개인적으로 계란 노른자와 참기름을 비벼 만든 쇠고기 육회의 맛을 잊을 수 없다. 저녁 메뉴는 오징어 고추장 볶음과 소불고기, 꽁치 그리고 뚝배기에 나오는 된장찌개다. 패키지여행 식사로 이렇게 잘 나와도 되는지 걱정이 될 정도로 메뉴가 풍성하다.

식사가 끝나면 라스베이거스 야경 투어가 있다. 선택 관광으로 30달러의 요금을 내야 하지만 초행자가 라스베이거스 밤거리를 혼자 돌아다니기는 쉽지 않다. 유명 호텔들이 모두 가까이 붙어 있어 보이지만 미국 거리가 다 그렇듯이 걸어가면 한참이다. 짧은 시간에 모든 것을 다 둘러 볼 수는 없기 때문에 전문 가이드의 안내를 받아 라스베이거스의 밤거리를 둘러보는 것은 나쁘지 않은 선택이다.

가이드의 선호에 따라 다르지만 이번에 우선 들른 곳은 베네치안 호텔이다. 이름에서 알 수 있듯 이 호텔은 이탈리아의 수상 도시 베네치아를 본 떠 만들었다. 공사비가 무려 25억 달러가 들었다고 하는 호텔 안으로 들어가니 '성 마르코 광장'을 모델로 한 호텔 로비가 보인다. 광장 양쪽으로 노천 식

베네치안 호텔 내부 성 마르코 광장. 이 장면만 보면 완전 베니스 그 자체다.

당들이 보이고 거리의 악사 3명이 무대에서 각국의 음악을 연주한다. 한국인 단체 관광객이 보이자 아리랑과 애국가를 연주하기 시작한다. 광장 저쪽에는 운하가 보이고 손님들을 태운 곤돌라가 지나간다. 8달러를 내면 20분 정도 곤돌라를 타고 베니스에 온 분위기를 느낄 수 있다. 천장은 파랗게 하늘 문양으로 장식됐는데 낮과 밤의 분위기가 전혀 다르다고 한다. 여기저기 사진 찍을 만한 게 한두 가지가 아니다. 실제 성 마르코 광장에는 있지만 이곳에 없는 건 '성 마르코 성당'과 비둘기, 두 가지뿐이라고 한다.

베네치안 호텔을 빠져나와 두 번째로 향한 곳은 '시저스 팰리스' 호텔이다. 시저, 즉 고대 로마의 정치가이자 장군인 케사르의 궁전이라는 뜻의 이 호텔 로비에는 로마 광장의 물 분수대를 연상시키는 분수대가 있다. 이곳에는 매시 정각에 물의 신과 불의 신을 주제로 한 10여 분간의 공연이 열린다.

분수대를 시작으로 베르사체, 갭 등 명품 가게가 쭉 이어진다. 시저스 팰리스 호텔은 또 팝가수 셀린 디온의 공연으로도 유명한데 셀린 디온은 이곳에서 700회 연속 매진을 기록하며 500만 명의 관중을 동원하기도 했다. 셀린 디온은 성탄절 전야에는 공연을 쉬곤 하는데 그 때는 다른 유명 가수 등이 '대타'로 무대에 서기도 한다.

몇 년 전에는 가수 '비'가 이곳에서 공연해 매진을 기록하기도 했다. 시저스 팰리스는 또 1982년 맨시니와의 권투 경기 도중 숨진 김득구의 마지막 경기가 열린 곳이기도 해 한국과의 인연이 각별하게 느껴진다.

시저스 팰리스 다음은 벨라지오 호텔이다. 벨라지오 호텔은 라스베이거스에서도 최고급 호텔로 손꼽히는 곳이다. 객실뿐 아니라 외관도 무척 고급스럽다. 호텔 밖 연못에서는 화려한 물분수쇼가 펼쳐져 수많은 관광객들을 끌어 모으고 있는데 이를 디자인한 이가 한인이라고 한다. 분수쇼는 유명 팝송에 맞춰 펼쳐진다. 연인이라면 로맨틱한 분위기에 휩싸이게 되고 사이가 좋지 않던 부부도 자연스럽게 손을 맞잡게 하는 매력이 있다. 벨라지오 호텔 내부는 인공 정원이 꾸며져 있는데 1년에 네 번씩 계절에 따라 그 모양을 바꾸고 있다.

다음은 '골든 너겟 Golden Nugget 호텔이다. '금덩어리'라는 뜻의 이름에서 알 수 있듯 골든 너겟 호텔에는 실제 금덩이가

벨라지오 호텔 물분수쇼. 사이가 나쁜 부부도 자연스럽게 손을 잡게 만드는 묘한 매력이 있는 쇼다.

있다. 그것도 전 세계에서 가장 큰 금덩이 말이다. 호주에서 발견된 24kg 무게의 이 금덩이는 방탄유리에 둘러싸인 채 관람객들에게 선보이고 있는데 액수로 따지면 천문학적인 금액이다.

골든 너겟 호텔은 라스베이거스 구 도심, 즉 '다운타운'이라고 불리는 곳에 위치해 있다. 이제까지 본 호텔들이 위치한 곳은 1989년 이후 '미라지 호텔'이 들어서면서부터 개발된 신시가지로 보통 '스트립'이라고 불리는 지역이다.

'스트립' strip(벗다, 벗기다)이라는 야한 이름으로 불리는 신시가지는 사실 좁은 지역이다. 그래서 여기서 말하는 스트립은

'벗다'는 뜻이라기보다 좁고 긴 땅이라는 의미가 더 강하다. 실제로 라스베이거스의 신시가는 세로로 길게 뻗은 도로 양쪽으로 카지노 호텔들이 위치해 있는 구조를 갖추고 있다.

구 다운타운에 위치한 도시들은 수많은 전구들로 만들어진 전광판이 유명하다. 구 다운타운을 동서로 가로지르는 '라스베이거스 대로' Las Vegas Boulevard를 중심으로 양쪽에는 네온사인이 보편화되기 전에 만들어진 전구로 된 전광판이 형형색색으로 모양을 바꿔가며 관광객들의 시선을 잡아끈다. 네온사인이 아닌 전구로 된 전광판이기에 마치 타임머신을 타고 과거로 돌아간 느낌을 준다. 그래서 '벅시'(1991년)와 같은 옛날 라스베이거스를 배경으로 한 영화들을 보면 다운타운의 시작을 알리는 'Welcome to the Las Vegas'라는 표

다운타운 전구 사인. 타임머신을 타고 과거로 돌아간 기분이다.

지판부터 시작되는 구 시가지의 모습이 많이 등장한다. 다운타운이 그나마 명맥을 유지할 수 있는 건 전구로 된 전광판들과 함께 LG전자가 만든 LED 전자쇼 덕분이다. '프리몬트 거리' Fremont Street 4개 블록을 막아서 만든 하늘 지붕 '캐노피' Canopy에는 1,250만 개의 LED 전구가 동원된 멋진 전자쇼가 펼쳐진다. TV를 보는 것처럼 화질이 좋고 선명하다. 어떻게 전구만 사용해서 저 정도의 고밀도 영상이 나올 수 있는지 궁금해지지 않을 수 없다. 캐노피 밑 부분에 보이는 'LG'라는 로고가 한국인이라는 사실에 자부심을 갖게 만든다. 라스베이거스 야경 투어가 끝난 뒤에는 쇼Show 관람이 이어졌다. 라스베이거스에 오락의 도시라는 명성을 갖게 해준 게 도박과 더불어 쇼다. 쇼란 말 그대로 '보여주는' 것이다. 쇼는 공연과도 다르다. 공연이 보통 한사람의 가수나 연주자가 관객들에게 자신의 노래나 연주 실력을 선보이는 것이라면, 쇼는 한꺼번에 적

다운타운의 명물 '캐노피' 전자쇼. 1,250만 개의 LED 전구를 들여 LG가 저걸 만들었다.

게는 수십 명에서 많게는 수백 명이 등장해 퍼포먼스를 보여준다.

라스베이거스에는 갬블 손님을 끌기 위해 호텔마다 수준급의 쇼를 선보이고 있다. 다른 여행사를 통해 관광하게 되면 보통 여행사가 지정한 한 개의 쇼를 볼 수 있지만 이덕희 가이드는 3개 쇼 가운데 하나를 선택할 수 있는 친절을 베풀었다.

필자가 선택한 쇼는 '윈' Wynn 호텔의 '르 뢰브' Le Reve 쇼다. '꿈속에서 살고 싶어라'는 의미의 르 뢰브 쇼는 최근 라스베이거스에서 가장 뜨는 쇼이자 삼호관광에서 밀고 있는 쇼이기도 하다.

수중 쇼인 르 뢰브 쇼는 상상력을 초월한다. 피아노 줄에 매달린 배우가 수십 미터 높이의 하늘에서 물속으로 뛰어내리는가 하면 물속에 숨어 있던 배우들이 갑자기 수십 명씩 밖으로 튀어나오는 등 쇼가 진행되는 90분 동안 잠시도 긴장감을 늦출 수 없도록 만든다. 연못 모양의 원형 아쿠아 극장은 수시로 모습을 바꾸며 때로는 극적인 긴장감을 주다가도 어떤 때는 코믹함으로 관객들을 웃게 만든다.

르 뢰브가 됐든 다른 어떤 쇼가 됐든 라스베이거스에 오면 꼭 쇼를 봐야 한다. 라스베이거스는 도박과 쇼가 공존하는 곳이기 때문이다. 또 미국의 대중문화가 어느 정도까지 개발돼 있으며 이런 치열한 경쟁에서 살아남기 위해 배우들과 극단들이 얼마나 열심히 노력하는지도 깨달을 수 있다. (필자가 르 뢰브 공연을 본 5월 3일, 4월 30일 LA에서 열린 '제9회 할리웃볼 한국일보 음악대축제'에서 공연한 가수 백지영과 스태프들이 공연을 함께 관람했다. 라스베이거스의 거리나 호텔에서 한국의 유명 연예인들을 만나는 일은 흔히 있는 일이다.)

공연이 끝난 뒤 여행사에서 마련해준 '리무진' 버스를 타고 숙소로 이동했다. 삼호관광이 손님에게 추억을 만들어주기 위한 특별 이벤트였다. 차 안에 음료와 각종 편의 시설이 갖춰진 걸 미국에서는 리무진으로 부른다. 미국에는 이런 리무진 대여 회사들이 성업 중이다. 공연장에서 숙소로 돌아오는 20분 동안 차안에 준비된 음료를 마시며 감상하는 라스베이거스의 야경은 '영화에서나 보던 미국에 와 있구나' 하는 생각을 갖게 해주기에 충분했다.

'공식적인' 첫날 일정은 이것으로 마무리됐다. 지금부터는 자유시간이다. 라스베이거스의 도박을 경험해보고 싶은 여행자들은 호텔 1층에 마련된 도박장으로 향했다. 필자는 피곤한 몸을 이끌고 12시쯤 잠자리에 들었다. 새벽부터 시작되는 내일 일정을 기대하면서.

진생 || 식사. 패키지여행 식사라고는 보기 어려울 정도로 진수성찬이다. 이걸 4명이서 나눠먹는다.

골든 너겟 호텔 금덩어리. 세계에서 가장 큰 금덩이라고 너무도 선명히 적혀 있다.

PART 01 라스베이거스 · 그랜드캐년 2박3일 **45**

Day2 둘째 날

여행 둘째 날. 가이드와 함께 여행하는 이들의 얼굴이 낯설지 않아 어느덧 일행처럼 느껴진다. 둘째 날의 첫 일정은 아침 식사로 시작된다. 5시 40분 집합 시간에 늦은 사람은 필자 1명뿐이다. 미안한 마음을 안고 버스에 올랐다.

아침 식사 장소는 어제 저녁을 먹은 '진생II' 식당이다. 호텔에서 불과 10분 거리다. 아침 메뉴는 콩나물 국밥이다. 대접 그릇에 담겨 나온 콩나물국에 두부며 명태 등이 들어 있어 속풀이에 제격이다. 흰 쌀밥을 콩나물국에 훌훌 말아 아침을 대충 해결한다.

식당으로 오는 길에 보니 어제 밤의 화려한 네온사인은 간 곳이 없다. 네온사인에 불이 켜진 호텔과 그렇지 않은 호텔은 분위기가 전혀 다르다. 반팔과 반바지를 입고 조깅하는 백인들을 보니 비록 오락의 도시이지만 라스베이거스 역시 미국의 한 도시라는 사실을 새삼 일깨워준다.

콜로라도 강을 가로지르는 구름다리가 지난 2010년 완공된 덕분에 라스베이거스에서 그랜드캐년으로 가는 길이 30분가량 단축됐다.

✈ 라스베이거스 탄생의 결정적 역할 한 후버댐

7시가 채 못돼 그랜드캐년으로 향한다. 버스가 1시간 정도 달리자 그 유명한 '후버댐' Hoover Dam이다. 교과서에도 등장하는 후버댐은 1929년 시작된 대공황 Great Depression을 극복하기 위한 뉴딜정책의 일환으로 계획됐으며 대공황 극복에 필요한 일자리 창출과 원자재 수요 창출 등에 기여했다. 그랜드캐년을 가로질러 나오는 콜로라도 강을 막아 만든 후버댐의 높이는 221미터에 달하고 저장가능한 물의 양은 수억 톤에 달한다. 이 때문에 거대한 압력을 견뎌내기 위해 댐은 부채꼴 모양으로 설계돼 있다. 지금 봐도 거대한 이 댐의 건설을 위해 무려 96명의 희생자가 나왔는데 이 중 상당수가 중국인 노동자 '쿠리' 들이다.

하지만 후버댐의 가장 큰 기능은 예상치 못한 곳에서 나왔다. 후버댐에서 생산되는 전기와 후버댐 건설로 만들어진 '미드호'에서 제공되는 담수는 향후 라스베이거스가 형성되는데 있어 필수적인 역할을 담당했던 것이다.

후버댐의 수위는 강우량에 의해 결정되지 않는다. 로키산맥의 만년설이 녹는 정도에 따라 후버댐의 수량은 결정된다. 라스베이거스에서 그랜드캐년을 향하는 길에는 후버댐 위를 지나가는 게 아니라 콜로라도 강을 가로지르는 구름다리를 이용한다. 이 다리를 이용함으로써 라스베이거스에서 그랜드캐년으로 가는 길이 30분가량 단축됐다.

✈ 구리와 그랜드캐년의 주 애리조나

후버댐을 지나면 본격적으로 애리조나다. 50대 이상 중년들에게는 '애리조나 카우보이' 라는 흘러간 노래를 생각나게 하겠지만 필자에게는 어릴 적 본 만화영화 '딱따구리'가 생각난다. 딱따구리가 뾰족한 부리로 쪼아 나무 전봇대를 부러뜨리던 장면의 배경이 바로 이곳 사막 지역이다. 사막을 가로지르는 애리조나 도로는 일직선으로 끝없이 뻗어 있고 도로 옆으로는 수백 미터 간격으로 나무 전봇대가 길게 이어져 있다. 도로에는 어른 절반키의 선인장도 늘어서 있다.

프로농구팀 '피닉스 선즈'나 메이저리그 야구팀 '애리조나

다이아몬드백스' 등으로 잘 알려져 있지만 애리조나는 사실 그랜드캐년의 주다. 주 재정 수입의 대부분을 그랜드캐년 입장료에 의존하고 있다.

애리조나는 또 미국 내에서 구리 생산이 가장 많은 곳이다. 캘리포니아가 '황금의 주' Golden State, 네바다가 '은의 주' Silver State로 불리는 것처럼 애리조나는 '구리의 주' Copper State라는 별칭을 갖고 있다. 덕분에 애리조나의 주청사 지붕은 구리로 장식돼 있다.

✈ 정말 죽기 전에 한번은 봐야 하는 곳, 그랜드캐년

이른 새벽부터 5시간을 달려 드디어 그랜드캐년 Grand Canyon 에 도착했다. 그랜드캐년. 더 이상 무슨 말이 필요할까. '백번 듣는 것보다 한번 보는 게 낫다' (百聞 不如一見)는 말은 바로 이럴 때 쓰는 표현이 아니고 무엇이랴.

그랜드캐년은 신이 만든 최고의 자연경관으로 손꼽히기에 부족함이 없다. 광대한 '카이밥' Kaibab 향나무 숲이 끝나는 곳에서 시작되는 그랜드캐년은 평균 깊이가 1마일 1,600m이다. 말이 쉬워 1,600m지, 땅속으로 1km를 파고 내려갔다고 생각해보라. 더 깊은 곳은 1,800m가 되는 곳도 있다. 그랜드캐년 저 밑으로 까마득히 푸른 에메랄드 빛깔의 콜로라도 강이 흐르는 게 보인다.

그랜드캐년은 동서로 길게 패인 좁은 협곡인데 동서의 길이가 약 446km로 서울에서 부산 정도의 길이가 되니 그 길이

그랜드캐년을 각종 매체를 통해 많이 접해서 인지 이미 한두 번은 와본 느낌을 준다.

가 대략 짐작이 된다. 남북으로의 폭은 좁은 곳은 6km에서 넓은 곳은 29km나 되는 곳도 있다. 고무 찰흙을 양쪽으로 길게 잡아 당겨 늘인 다음 그 사이를 칼로 그어 폭을 만든 형국이다.

깊이가 1,600m가 되는 만큼 그랜드캐년의 지층은 높이에 따라 다른데 일직선으로 퇴적된 곳도 있고 양쪽에서 압력을 받아 물결 모양으로 휘어졌거나 경사진 곳도 있다. 각 지층에 따라 흙의 빛깔도 달라지는데 이런 이유로 해가 있는 위치에 따라 그랜드캐년이 받아들이는 빛이 양이 달라지면서 그 모양이 시시각각으로 변한다. 필자는 개인적으로 몇 년 전 겨울 석양에 반사돼 붉은 빛을 띠는 그랜드캐년을 보며 캐년을 빠져나가던 추억을 잊을 수 없다.

하지만 그랜드캐년을 제대로 보고 느끼려면 항공 여행만한 게 없다. 원래 창조주가 하늘 위에 존재하기 때문일까. 하늘 위에서 내려다보는 그랜드캐년의 모습은 단연 최고다. 긴 협곡의 남쪽에서 이륙한 경비행기가 협곡을 가로질러 북쪽까지 날아갔다가 다시 남쪽으로 선회해서 돌아오는 1시간가량의 비행 동안 수시로 변하는 그랜드캐년의 모습에는 감탄사가 절로 나온다.

그랜드캐년 북쪽은 5월 초순인데도 아직까지 녹지 않은 눈자국이 곳곳에 선명하게 남아 있다. 그랜드캐년에는 남쪽과 북쪽 상관없이 여름에는 많은 비가 내리고 남쪽보다 지대가 높아 기온이 낮은 북쪽에는 겨울에 눈이 내리는 곳이 많다.

그랜드캐년에는 지금도 인디언 부족들이 살고 있을 뿐 아니라 1,500여종의 식물과 300여종의 조류 그리고 76종의 포유류가 서식하고 있다고 하니 하나의 독립된 생명군을 이루고 있다. 과학자들은 그랜드캐년의 역사를 대략 20억년으로 추정하고 있지만 그랜드캐년이 지금과 같은 모습을 갖춘 건 약 1,700만 년 전으로 보고 있다.

그랜드캐년의 형성에 관해서는 과거에는 콜로라도 강의 오랜 침식 작용에 의한 설이 유력했지만 요즘에는 바다가 갑작스럽게 융기해 콜로라도 고원 Colorado Plateau이 형성된 뒤 대량의 물이 한꺼번에 빠져나가면서 지금과 같은 지형이 형성됐다는 설이 더 설득력을 얻고 있다. 실제로 그랜드캐년이 바다의 융기로 형성됐다는 증거로는 조개 화석이나 소금 지대가 발견되고 있고 지층의 대부분이 일정한 방향으로 평행을 이루고 있어 엄청난 양의 물이 한꺼번에 빠져 나갔다는 점 등을 들 수 있다. 이런 이유로 창조과학자들은 노아 홍수의 증거로 그랜드캐년을 들기도 한다.

이런 그랜드캐년에는 오랜 기간 원주민 부족들이 살아왔는데 이들은 그랜드캐년을 '성지'로 여기며 살아왔다. 그랜드캐년이 유럽인에게 최초로 발견된 건 1540년, 스페인의 탐험가 가르시아 로페스에 의한 것이니 그리 오래된 건 아니다. 이후에도 그랜드캐년은 오래 동안 잊혀진 땅, 인디언 원주민의 땅으로 남겨져 있다가 미국 시민에게는 1826년 제임스 오하이오 패티에게 처음으로 알려졌다. 그 사이 많은 미국인과 캐나다인들이 그랜드캐년을 다녀갔지만 그랜드캐년은 남북전쟁이 끝나고 미국이 서부 개척 시대에 접어들면서 마침내 제대로 된 가치를 인정받게 된다. 존 웨슬리 포웰 소령이 10여명의 탐험대를 이끌고 목숨 걸고 그랜드캐년을 탐사한 게 겨우 1869년이니 말이다.

이후 자연보호주의자로 잘 알려진 테어도어 루즈벨트Theodore Roosevelt 대통령에 의해 그랜드캐년은 1908년 '국립 유적지' National Monument로 지정됐고 11년 뒤인 1919년에는 국립공원National Park으로 지정됐다. 그랜드캐년을 국립공원으로 지정한 연방 의회에 반대하는 의원들이 많았다는 사실은 역사의 아이러니다. 그랜드캐년은 1979년 유네스코에 의해 세계 자연유산으로 등록되었다.

해마다 그랜드캐년을 찾는 사람이 500만 명이라고 한다. 대부분(83%)이 미국인이고 외국인 방문객은 17%에 불과하다. 외국인 가운데는 영국(3.8%), 캐나다(3.5%), 일본(2.1%), 독일(1.9%), 네덜란드(1.2%) 순이니 한국인 방문객은 연간 5만 명이 채 못 되는 셈이다. 만약 한국인 가운데 한번이라도 그랜드캐년을 직접 본 경험이 있다면 미국에 사는 사람들 못지 않은 호사를 누렸다고 보면 되지 않을까.

✈ 아이디어 하나에 의해 탄생한 도시 라플린

라스베이거스 남쪽으로 약 150km 떨어진 곳에는 라플린 Laughlin이라는 미니 도시가 있다. 이곳은 카지노의 대가 댄 라플린이라는 사람이 경비행기를 타고 콜로라도 강변을 타고 지나가다 떠오른 아이디어 하나에 의해 생긴 도시다. 라스베이거스에 없는 강이 있다는 데 착안해 라플린은 강변에 호텔을 짓기로 결심했고 이 때 세워진 호텔이 '강변 호텔' 즉 'Riverside Hotel'이다.

이후 이 지역에는 콜로라도 강을 중심으로 카지노 호텔들이 연이어 세워졌고 댄 라플린의 이름을 따 '라플린'으로 명명됐다. 지금은 '미니 라스베이거스'라는 별명을 얻을 정도로 성장했는데 미 서부를 여행하는 장거리 여행자들에게는 더 없이 좋은 휴식 장소를 제공하고 있다.

라플린의 호텔들은 주로 콜로라도 강을 끼고 있다. 호텔 뒤쪽에는 수상 택시 Water Taxi나 유람선을 탈 수 있는 선착장이 마련돼 있어 강바람을 즐기거나 간이 모래사장에서는 일광욕도

라플린 야경. 라플린의 호텔들은 모두 강을 끼고 있고 강과 연결된 선착장이 있게 마련이다.

즐길 수 있다.

이곳은 또 은퇴자들의 도시로도 유명한데 타 지역에서 은퇴한 노인들이 상당수 이곳으로 이주해 노년을 보내고 있다. 우리가 머문 '해라스' Harrah's 호텔의 수상 택시 표 파는 할아버지도 캘리포니아 주 애너하임에서 은퇴한 뒤 이사했고 카지노장에서 장시간 시간을 보내는 손님들의 상당수도 백인 노인들이다. 호텔 카지노에 죽치고 앉아 있는 노인들을 보노라면 한국의 시골에서 화투장을 들고 고스톱을 치거나 운세를 보는 할머니들의 모습이 생각난다.

미국의 고속도로는 왜 '프리웨이'인가요?

미국, 특히 캘리포니아를 중심으로 한 서부 지역에서 고속도로는 '프리웨이'(freeway)라 불린다. 속도에 제한 없이 자유롭게 달릴 수 있다는 뜻도 있겠지만 여기서의 'free'는 공짜라는 의미가 더 강하다. 서부의 고속도로는 이용료 없이 공짜로 이용할 수 있기 때문이다. 실제로 캘리포니아 등 서부 지역을 여행하다보면 톨게이트를 거의 볼 수 없다. 일반 시내 도로에서 신호 하나만 받으면 곧바로 프리웨이와 연결된다.

반면 뉴욕과 뉴저지 등 동부에서는 고속도로를 프리웨이라 하지 않고 '하이웨이'(Highway)라고 더 많이 부르며 한국처럼 통행료를 받는 것만 봐도 '프리웨이'는 통행료가 없다는 의미가 더 강하다는 사실을 알 수 있다.

그렇다고 해서 서부의 프리웨이가 모두 공짜는 아니다. 간혹 유료 도로가 있는데 이럴 때는 미리 표지판을 통해 'Toll Road', 즉 유료 도로라는 사실을 알려주고 있다. 요금은 1~2달러로 비싼 편은 아니다. 하지만 유심히 살펴보지 않으면 통행료를 내는 곳을 찾지 못하고 그냥 지나치는 경우가 생길 수 있기 때문에 조심할 필요가 있다. 한국처럼 따로 사람이 있는 곳이 아니라 정확한 금액을 박스에 집어넣도록 되어 있다. 사람이 없다고 그냥 지나칠 경우 카메라에 찍힌 뒤 통행료보다 수십배 비싼 벌금을 물 수도 있기 때문에 조심해야 한다.

Day3 셋째 날

여행 셋째날은 전날보다 여유 있다. 라스베이거스와 그랜드 캐년 등 핵심 지역을 이미 여행했기에 마음이 편하다. LA로 돌아가는 길에 폐광된 은광촌 칼리코를 둘러본 뒤 바스토우에서 점심을 먹으면 여행은 사실상 마무리된다. 오전 7시부터 뷔페식으로 아침을 먹은 뒤 8시에 호텔을 떠났다.

✈ 칼리코, 보너스 같은 여행

서부 개척 시대 흑인 여자 노예들이 입던 펑펑한 주름치마를 뜻하는 '칼리코' Calico 는 이번 여행의 보너스 같은 곳이다. 메인 요리를 다 끝내고 나온 디저트 같은 곳이지만 주 요리보다 더 많이 기억되는 곳이 바로 칼리코다.

칼리코는 서부개척 시대의 생활상을 가장 잘 보여주는 곳이다. 지금까지의 차창 밖 풍경이 서부 개척 시대 사막의 모습을 보여준 것이었다면 칼리코는 그 시대 사람들이 모여 살던

칼리코 입구 사진. 서부 영화의 한 장면을 떠올리게 한다.

마을의 풍경을 가장 잘 간직하고 있는 곳이다.

1881년 은이 발견되면서부터 사람들이 모여들기 시작해 많을 때는 4,000명이 넘는 사람들이 칼리코에 모여 살았다고 한다. 하지만 불과 15년만인 1896년 멕시코에서 더 큰 은광이 개발되면서 은값이 폭락하자 사람들은 하나둘 떠나기 시작, 칼리코는 1907년부터 공식적으로 사람이 살지 않는 '유령의 도시' Ghost Town 가 되고 말았다. 그러던 칼리코는 1951년대 '워커 노트' Walker Knott 라는 사업가에 의해 '서부 시대 민속촌'으로 개발되면서 오늘날에는 관광 도시로 탈바꿈했다. 그는 칼리코를 개발한 뒤 이곳을 샌버나디노 카운티에 기증했고 현재는 카운티 정부에서 칼리코를 관리하고 있다. 워커 노트는 LA 인근의 유명 놀이동산 '노츠 베리 팜' Knott's Berry Farm의 설립자이기도 하다.

칼리코에서는 당시 사람들이 살던 집이며, 서부 영화에서나 볼 수 있는 술집, 심지어 당시의 소방서나 보안관Sheriff이 근무하던 경찰서까지 그대로 유지돼 있어 서부 영화를 보며 자란 한국인들에게 묘한 향수를 불러일으키게 한다.

다시 바스토우다. 앞서 얘기한 대로 바스토우는 교통의 요충지다. 애리조나나 유타 등 미 서부에서 북가주를 가려면 반드시 이곳을 경유해야 한다. 이곳에서 라스베이거스와 그랜드 캐년 2박3일 여행자들은 LA로 돌아가고, 서부대륙 4박5일 여행자들은 프레즈노 평야 지대로 방향을 틀었다. LA에 도착하니 예정보다 한 시간 가량 이른 오후 5시쯤이다.

여행 중 화장실이 급합니다.

여행을 하다보면 화장실이 갑자기 급할 때가 있다. 음식이 맞지 않을 수도 있고 한 번 화장실 갈 시기를 놓쳤는데 다음 화장실까지 도착하려면 시간이 많이 걸리는 경우이다. 미국, 특히 서부를 여행할 때는 화장실이 보일 때마다 미리 '볼 일'을 해결해두는 것이 좋다. 미국은 한국과 달리 고속도로 중간에 휴게소가 많지 않을 뿐더러 간혹 있다 하더라도 차로 2시간 이상 떨어진 경우가 대부분이기 때문이다.

따라서 대부분의 패키지 여행자들은 차량에 기름을 넣는 동안 주유소에서 화장실을 이용하게 된다. 주유소 입장에서는 기름 팔아서 좋고 손님들에게는 물이나 음료 등을 팔 수 있어 일석이조다. 주유소마다 겨우 1~2개의 화장실만 갖고 있기 때문에 50여명의 단체 손님들이 한꺼번에 화장실을 사용할 경우 20분 이상 소요된다. 그 시간 동안 손님들은 가게 안을 둘러보다 이것저것 사게 되는 것이다. (미국 주유소는 한국 주유소와 달리 편의점인 것 알고 계시죠?)

물론 패키지여행 때 이용하는 대형 리무진 버스 맨 뒤쪽에는 화장실이 있지만 급한 경우가 아니면 사용하지 않는 게 좋다. 손님들이 본 용변들이 그대로 보관되어 있기 때문에 실내 공기가 탁해지기 때문이다. 화장실의 위치가 버스 엔진 위치와 가까워 용변들이 가열되어 더욱 고약한 냄새를 풍기기 십상이다.

샌프란시스코·요세미티
2박3일

요세미티를 빠져나가는 140번 도로는 영국 여왕 엘리자베스 2세가 다녀간 곳이다. 여왕이 즉위 직후 이 공원이 보고 싶어 공원 측에 방문을 요청했지만 여왕 일행과 수행원, 그리고 수많은 기자들이 올 경우 자연이 훼손될 것을 우려한 공원이 정중하게 방문을 거절했다고 한다. 그래서 여왕이 수년 뒤 일반인 자격으로 남편 필립 공과 함께 방문한 뒤 이 길로 지나갔다는 가이드의 설명이 흥미를 끈다.

하용철 상무(왼쪽)와 살바도르 기사. 경력 17년차의 하 상무는 손님들을 가족처럼 모신다. '살'이라고 부르는 살바도르는 장거리 여행의 피로가 최소화할 수 있게 안정감있게 운전한다.

여행개요

- 일정 : 2011년 5월 12일(목) ~ 2011년 5월 14일(토)
- 가이드 : 하용철 상무
- 기사 : 살바도르
- 차량 : 삼호 소속 56인승 대형 리무진 버스(1003호)

LA경찰(LAPD) 출신의 하용철 상무는 가이드 경력 17년차의 삼호관광 최고참 가이드 가운데 한 명이다. 직책도 상무로 가이드 가운데 가장 높다.

하 상무의 가장 큰 장점은 손님들을 편안하게 한다는 점이다. 사실 미국 서부 지역 여행은 이동 거리가 많고 선택 관광의 종류가 많아 시간 맞추기가 빠듯하지만 하 상무가 가이드를 할 때는 이 같은 사실을 거의 느끼지 못한다. 이는 하 상무의 오랜 가이드 경험과 특유의 노하우 덕분으로 그는 손님들을 가족 또는 일행 단위로 번호를 매겨주고 시계를 원래 시간보다 10분 빨리 가도록 해 손님들이 늦는 일이 없도록 자연스럽게 유도하고 있다.

그는 또 손님들에게 사막에서는 물이 많이 필요하다는 사실을 미리 알려줘 손님들이 LA 인근 마켓에서 2명 당 24개들이 물 1박스를 사도록 해 여행 경비를 절약해주는 노하우도 갖고 있다.

하 상무는 이와 함께 고객들은 손님처럼 대한다. 그의 입에는 '사랑하는 우리 가족들' 이라는 멘트가 늘 붙어 있는데 필자가 옆에서 지켜본 바로는 진심으로 느껴진다. "부모, 형제라면 어떻게 모실까. 이분들에게는 평생 한번 올까 말까하는 기회 아닙니까." 하 상무는 '고객을 가족처럼 대하라' 는 신성균 삼호관광 대표의 경영 철학을 가장 잘 실현하는 가이드가 아닌가 싶다. 미 서부 5박6일 관광을 끝으로 그는 여행이 끝나는 마지막 순간까지 긴장의 끈을 늦추지 않았다. 샌프란시스코에서 10여명의 손님들이 호텔방까지 들어가는 것을 일일이 확인하는 것은 물론이요, LA 도착 후 공항 가는 손님들의 저녁 식사며 체류 연장을 선택하신 분들을 위한 교통편을 마지막까지 확인하며 옆자리에 앉은 필자를 숙연하게 만들었다.

사족을 붙이자면 어떤 손님이 와도 편하게 만들어주는 하 상무는 특히 연기력이 일품이다. 유도화 꽃이 사약의 주재료로 쓰인다는 설명을 할 때는 실제 사극 배우 못지않은 연기 솜씨로 실감나게 설명하는 모습이 연극영화과 출신이 아닌가 싶은 생각이 들 정도다.

살바도르 기사는 멕시코 출신으로 히스패닉계로는 드물게 성품이 차분하다. 삼호관광의 2명의 히스패닉계 전업 기사 중 한명으로 일직선 도로는 물론 요세미티의 꼬불꼬불한 도로에서도 흔들림을 최소화하는 좋은 운전 솜씨를 갖고 있다. 또 삼호에서만 10년 넘게 일해 한국인 관광객의 습성을 누구보다 잘 알고 있어 손님들을 편안하게 모신다. 하 상무가 '살' 이라고 부르는 살바도르는 한국 음식, 특히 두부 종류를 잘 먹어 필자가 "혹시 집에서도 한식 먹느냐"고 물어봤을 정도다.

기본 일정

Day 1
LA 삼호관광 출발 → 다이아몬드바 한남체인 마켓에서 잠시 휴식 → 중간 기착 도시 바스토우 도착 후 점심 → 베이커스필드 초입에서 주유 및 잠시 휴식 → 프레즈노 도착 후 식사 및 호텔 체크인(쉐라톤 또는 동급)

Day 2
새벽 4시 기상 조식 후 관광 출발 → 요세미티 국립공원 관광 → 샌프란시스코 시내 관광(베이브릿지, 차이나타운, 금문교, 피어 39 등) → 베이 크루즈 유람선 관광(25달러) → 샌프란시스코의 명물 케이블카 탑승(10달러) → 저녁 식사 → 새너제이 호텔 체크인(쉐라톤 또는 동급)

Day 3
기상 조식 후 관광 출발 → 몬트레이 → 태평양의 보석 '17마일' 드라이브 코스(15달러) → 샌타 마리아 중식 → 덴마크 민속촌 솔뱅 관광 → LA 도착

※ 일정은 여행 사정에 따라 달라질 수 있음.

한마디로 요약한다면...

이건 정말 좋다
★ 지구상에서 가장 낭만적인 도시 샌프란시스코를 여행한다. ★ 일정이 짧아 여행 부담이 적다. ★ 비용이 저렴하다.(2011년 5월 현재 249달러) ★ 옵션 관광이 많지 않다. 있더라도 비용이 저렴하다. ★ 마지막 날까지 관광 명소가 계속 이어진다.(몬테레이 반도, 솔뱅 등) ★ 묵는 숙소가 최고급이다.(쉐라톤 호텔 또는 동급) ★ 먹거리가 좋다. 프레즈노 '가야' 식당의 한정식이 진수성찬이다. ★ 언제든 떠날 수 있다.(매주 월·목·금요일)

그래도 이건 좀 아쉽다
★ 첫날 일정은 이동으로 차 있다. ★ 여행 둘째 날 새벽에 좀(?) 일찍 일어난다. ★ 요세미티와 샌프란시스코를 하루 만에 돌아봐야 한다.

'황금의 주' 캘리포니아의 가장 '황금 같은' 코스

"If you're going to San Francisco
Be sure to wear some flowers in your hair
If you're going to San Francisco
You're gonna meet some gentle people there…"

만약 당신이 샌프란시스코에 가신다면

당신 머리에 꽃을 꽂는 걸 잊지 마세요.

만약 당신이 샌프란시스코에 가신다면

그곳에서 당신은 몇 명의 친절한 사람들을 만나게 될 것입니다…

1960년대 샌프란시스코에서 베트남전 반전 운동이 일어났을 때 UC버클리 학생들은 반전의 상징으로 머리에 꽃을 꽂기 시작했다. 그리고 '샌프란시스코에 가신다면 머리에 꽃을 꽂는

샌프란시스코를 상징하는 금문교는 여행을 좋아하는 사람이라면 누구라도 샌프란시스코에 가고 싶어 하도록 하는 매력을 지니고 있다.

걸 잊지 마세요'라는 노래가 사람들의 입에서 입으로 번져나 가기 시작했다.

비록 이 노래를 부르던 세대가 미국의 베트남전 개입을 막지는 못했지만 이 노래를 만들고 부른 대학생 스콧 맥킨지Scott McKenzie는 세계적인 가수가 됐고 이 노래는 샌프란시스코를 대표하는 가장 상징적인 곡이 됐다.

2차 대전 당시 미국 태평양 함대의 주력 부대가 주둔했고 종전 뒤 연합국과 일본 사이에 강화조약Treaty of San Francisco (1951년)이 체결됐던 샌프란시스코는 그렇게 군사 도시에서 '반전의 도시'로 변화했다. 그리고 이 도시에서는 반전을 계기로 히피 문화가 탄생했고 전 세계 젊은이들이 가장 가고 싶어 하는 도시가 됐다.

어떤 가이드는 '한번 가면 좋고 두 번 가면 더 좋은 곳'이 바로 샌프란시스코라고 했지만 필자는 '1년이 지나면 다시 가고 싶어지는' 도시라고 말하고 싶다. 그리고 이 도시는 필자의 그런 기대를 한 번도 저버린 적이 없었다.

미국뿐 아니라 전 세계 각지에서 샌프란시스코를 찾고 있으며 노래나 영화로 제작하고 있다. 인구 80만 명에 크기는 서울의 5분의 1에 불과하지만 천(千)의 얼굴을 지닌 이 도시를 한마디로 표현하기란 쉽지 않다. 언제, 누구와 함께, 어떻게 방문하느냐에 따라 때로는 짙은 안개로, 때로는 맨해튼의 바쁜 샐러리맨들의 모습 등으로 그 때마다 다른 모습으로 여행자에게 다가오기 때문이다.

엘리자베스 2세가 방문을 요청했다 거절당했다는 요세미티

샌프란시스코에서 불과 2시간 거리에는 대자연의 웅장함과 아름다움을 동시에 지닌 곳이 자리하고 있다. 영국 여왕 엘리자베스 II세가 보고 싶어 방문을 요청했지만 여왕 수행단이 방문하게 되면 '자연이 훼손될 수 있다'는 이유로 거절당해 평민 자격으로 몰래 방문한 곳이기도 하다. 바로 '요세미티 국립공원' Yosemite National Park 이다.

요세미티는 그랜드캐년보다 먼저 국립공원으로 지정됐을 정도로 아름다운 산세와 절경으로 미국인들의 사랑을 듬뿍 받는 곳이다. 둥근 모양의 돔 Dome 지붕을 칼로 절반 뚝 잘라놓은 듯한 '하프 돔' Half Dome 바위, 세계에서 가장 큰 화강암 바위인 '엘캐피탄' El Capitan, 그리고 세계에서 가장 낙차가 크다는 '요세미티 폭포' Yosemite Fall 등 요세미티에서는 '어머니 자연' Mother Nature 의 오묘한 아름다움을 느끼도록 하는 게 한두 가지가 아니다.

요세미티·샌프란시스코 2박3일 코스는 요세미티와 샌프란시스코를 동시에 둘러보는, '황금의 주' Golden State 캘리포니아의 '황금 코스' Golden Course 라 불리기에 충분하다.

Day1 첫째 날

요세미티 · 샌프란시스코 2박3일 코스는 서부 대륙 5박6일 (또는 4박5일) 상품의 후반부 일정과 겹치기 때문에 바스토우 Barstow에서 이 팀들과 합류하는 경우가 많다. 이번에는 최원석 가이드가 바스토우까지 우리를 데리고 간 뒤 서부대륙 5박6일 팀을 인솔하고 있는 하용철 상부에게 인계했다.

여행은 어느 때와 마찬가지로 LA 한인타운 삼호관광 사무실 앞 주차장에서 시작됐다. 한인타운 Korea Town을 처음 방문한 이들은 한인타운의 촌스러운 외관 때문에 실망하는 경우가 많다. 7년 전 LA에 막 도착한 필자 역시 마찬가지였다. 군대 시절 근무하던 동두천이나 이태원을 맨 먼저 떠올렸으니 말이다.

하지만 지금의 한인타운이 있기까지 한인 이민자들이 흘린 땀과 피의 역사를 알게 된다면, 그리고 LA시에서 차지하고 있는 한인타운의 위상이 어느 정도인지를 알게 된다면 전 세계 해외 한인타운 가운데 가장 크다는 LA 한인타운에 대한 애정이 생기지 않을 수 없다.

LA 한인타운은 30년 만에 성장에 성장을 거듭, LA의 많은 소수 민족 타운 가운데 가장 큰 규모를 자랑하고 있으며 제임스 한 James Hahn 전 시장은 "한인타운은 LA에서 가장 다이내믹하게 발전하고 있으며 LA 경제의 핵심"이라고 공식 석상에서 얘기하기도 했다.

60번 고속도로를 40분 정도 달리면 도착하는 '다이아몬드 바' Diamond Bar는 한인 최초의 연방 하원의원 김창준씨를 배출한 곳이다. 좋은 주거 환경과 교육 환경을 갖고 있는 이곳은 물론 한인들도 많이 거주하고 있지만 사실은 중국계 이민자들이 집중적으로 몰려 사는 곳이다.

원래 중국계 이민자들은 LA 다운타운에 바로 옆에서 차이나타운을 형성했지만 경제력을 확보하면서 새롭게 개발되는 LA 주변 도시들로 주거지를 옮기기 시작했으며 특히 LA 북쪽을 따라 동쪽으로 길게 뻗어 있는 '샌개브리엘 산맥' San Gabriel Mountains 아래에 주로 자리를 잡게 됐다. 풍수에서 가장 중요하게 여기는 '산을 등지고 앞에 강을 둔다'는 배산임수(背山臨水)의 조건에 잘 맞는 곳이 이런 곳들인 까닭이다. 그래서 10번 고속도로를 달리다 보면 도로 주변으로 한자로 된 상호나 중국인 교회를 자주 보게 된다.

'차이나타운'이라고 하면 지저분하고 복잡할 것으로 생각되지만 대도시 주변의 위성 도시들을 중심으로 생성되는 중국

LA 한인타운을 관통하는 '올림픽대로'(Olympic Boulevard)는 LA 한인타운의 핵심 거리다. 1984년 LA올림픽을 계기로 '10가'(10th Street)에서 현재 이름으로 변경됐다.

인 밀집지역은 대부분 깨끗하고 부유한 곳으로 환경이 좋다. 학생들의 학업 성적도 뛰어나고 타이완과 홍콩 등의 부자들이 계속해서 이민을 오고 있어 집값도 상승 추세를 유지하고 있다. 한인들이 많이 선호하는 이유다.

중국 본토가 아닌 타이완이나 홍콩 출신의 이민자가 많은 까닭에 간체자가 아닌 정자를 사용한다는 게 특징이다. 이들은 중화권에 불고 있는 한류 덕분에 한국과 한국인에 대한 호감도가 높아 우리와도 금방 친해질 수 있다.

한남체인은 LA한인회장을 지낸 하기환 씨가 소유하고 있는 대형 마켓 체인점으로 LA 인근에 10개 가까운 마켓을 갖고

다이아몬드바 한남체인 전경. 중국인 밀집 지역에 자리하고 있는 다이아몬드바 한남체인에는 중국인 고객이 많아 간판도 한자로 돼 있다.

있다. 다이아몬드바 지점은 중국인 손님들이 많다는 점을 고려해 수퍼마켓을 뜻하는 '초급시장'(超級市場)이라고 한자 간판을 부착하고 있고 중국어 신문인 '聖島日報'(성도일보), '世界日報'(세계일보) 등을 배포하고 있다.

LA에서 서부 대륙으로 떠나는 관광 코스는 반드시 이곳을 한 번 들르게 되는데 화장실을 사용하고 여행에 필요한 물과 음료 등을 구입할 수 있다. 관광회사들은 대신 이곳에서 인근에 살고 있는 손님들을 픽업한다. 관광회사들은 이곳 손님들이 LA까지 올 필요가 없도록 한남체인에서 픽업 서비스를 제공하고 있다.

여기서부터 바스토우까지는 약 2시간이 소요된다. 기사는 57번 고속도로 북쪽과 210번 고속도로 동쪽, 그리고 15번 고속도로 북쪽을 타고 바스토우로 달리기 시작했다. 농심 USA 등이 입주해 한인들이 모여살기 시작하는 신흥 도시 '랜초 쿠카몽가'Rancho Cucamonga를 지나자 사막이 본격적으로 시작됐다. 도로 주변 나무들이 심하게 흔들리고 있는 모습에서 바깥 바람이 매우 세다는 점을 말해주고 있다.

사막과 초원을 1시간 쯤 달리자 빅토빌Victoville 지역이 나타났다. 빅토빌은 최근 개발 바람이 일고 있는 곳으로 1억 원(10만 달러)만 있으면 그림 같은 집을 살 수 있지만 LA에 직장이 있으면 거리 상 출퇴근이 불가능하다는 단점이 있다.

12시가 못 돼 바스토우에 도착했다. LA와 라스베이거스를 연결하는 15번 고속도로가 지나가고 동서를 횡단하는 40번 고속도로가 시작되는 바스토우는 교통의 요지답게 곳곳에서 대형 트럭과 물류 창고를 볼 수 있다. 바스토우 역 주변을 지날 때 '뿌~웅' 하고 기차의 기적 소리가 크게 들렸다. 이곳이 철도 교통의 중심지라는 사실을 새삼 깨닫게 된다.

이곳에서 한인이 운영하는 '시즐러'Sizzler 식당에서 양식 뷔페로 점심을 해결했다. 잠시 뒤 지난 월요일(9일) LA를 출발, 라스베이거스, 그랜드캐년, 브라이스캐년, 자이언캐년 여행을 마친 하용철 상무가 식당에 도착했다.

점심을 마치니 오후 2시, 다음 목적지인 '프레즈노'Fresno로 출발했다. 프레즈노를 가기 위해서는 2시간 쯤 달려 베이커스필드Bakersfield에서 99번 도로로 갈아타야 한다.

바스토우에서 베이커스필드까지는 샌개브리엘 산맥 북쪽을

동서로 횡단하는 58번 도로를 타면 된다. 캘리포니아는 샌개브리엘 산맥을 경계로 그 아래쪽이 '남가주' Southern California요, 그 북쪽은 '중가주' Central California다. 중가주는 사막 지역이 많지만 인공적으로 개간해 농지로 이용되고 있다. 남가주와 달리 인구밀도는 높지 않다.

모하비 사막을 가로지르는 58번 도로 옆으로 자동차 폐차장 사인과 'Shower Available' (샤워할 수 있음)이라는 간판이 보인다. 장거리 트럭 운전자들에게 따뜻한 물로 샤워하는 것보다 더 좋은 피로회복제는 없을 것이다.

사막을 관통하는 도로를 달리다보면 도로가 롤러코스터처럼 앞뒤로 물결 모양으로 들어가고 나온 부분이 있는데 사막에 내리는 비들이 배수될 수 있도록 하기 위한 설계라고 한다.

58번 도로는 모하비 사막을 관통하며 풍력이나 태양열 등 친환경 에너지 개발로 뜨고 있는 '테하차피' Tehachapi를 지난다. 사막이 거의 끝나는 지점에 위치한 테하차피는 지대가 높아 연중 바람이 세다. 그래서 여기에는 바람개비처럼 생긴 수많은 풍력발전기들이 설치돼 있고 여기서 모아진 전기는 농업용수를 이동시키는 데 사용된다.

캘리포니아는 미국 내 최대 유전 지역이다. LA 시내와 인근 바다에서도 석유를 빼내는 모습들을 흔히 볼 수 있는데 테하차피에서도 석유를 뽑아내는 기계들을 볼 수 있다. 다만 타르 성분이 많은 중질유로 남아 있어 고압의 수증기를 유입시켜 녹인 다음 빼내 쓴다고 한다.

테하차피의 풍력 발전 시설들. 테하차피는 최근 들어 태양열 발전 또는 풍력 발전 등 친환경 에너지 개발로 각광받고 있다.

테하차피를 지나면 나타나는 '모하비 시' City of Mojave 에는 '나사' NASA 연구소와 '에드워드 공군 기지' Edward Air Force 등이 위치해 있다.

모하비 시를 지나 오후 4시쯤 58번과 99번 도로가 만나는 베이커스필드 입구에 도착했다. 기름을 넣기 위해 잠시 정차하는 동안 밖에 내렸는데 후끈하다. 사막 바로 옆으로 난 도로에는 차가 지나가면 누런 흙먼지가 뿌옇게 일어난다. 6월이 되면 숨이 턱 막힐 정도가 된다고 가이드가 설명했.

'베이커스필드' Bakersfield 는 '빵굽는 사람들의 도시' 라는 뜻이다. 이름에서부터 농장 지대라는 사실을 짐작할 수 있다. 실제로 베이커스필드부터 곡창지대가 시작된다. 여기서부터 2시간가량 포도밭과 오렌지 농장이 이어진다. 가도 가도 끝이 없는 게 우리나라의 한 개 '도(道)' 전체가 농장인 것 같다.

1948년 캘리포니아 북쪽에서 금이 발견되고 나서 불기 시작한 '골드러시' Gold Rush 이후 사람들이 몰려들기 시작한 캘리포니아에는 여러 종류의 금이 있다고 한다. '노란 금'은 실제 금이며 석유는 '검은 금' Black Gold 이다. 중가주 지역의 곡물들은 세 번째 금이며 21세 들어 실리콘밸리 지역을 중심으로 발달한 IT 기술은 캘리포니아를 먹여 살리는 또 다른 금으로 불리는 데 손색이 없다.

캘리포니아의 땅은 충적토다. 토질은 좋지만 강수량이 적어 인공적으로 물을 공급하지 않으면 농사가 불가능하다. 반면 물만 제대로 공급된다면 고온 기후와 어울려 막대한 양의 곡물들을 생산해낸다. 그래서 대부분의 캘리포니아 농지들은 1년 2작이 기본이다. 하지만 캘리포니아는 토질을 보존하고 과잉 생산을 막아 가격을 조절하기 위해 '2년 경작, 1년 휴작'의 원칙을 적용하고 있다. 농장 지대 중간 중간에 농기계를 빌려주는 '농기계 임대 회사'가 있는 게 특이하다.

오렌지는 캘리포니아하면 가장 먼저 떠오르는 농작물이다. 캘리포니아는 햇살이 좋고 비가 오는 기간이 한정돼 오렌지가 자라기에 최적의 조건을 갖추고 있다. 그래서 캘리포니아 어디를 가나 오렌지 농장을 볼 수 있다.

오렌지 나무는 잎이 무성하고 열매가 열릴 때는 오렌지 반,

잎 반인 게 절묘한 색채의 조화를 이룬다. 이런 이유로 과거에는 사람이 일일이 손으로 따야 했지만 지금은 나무 밑에 그물을 설치하고 기계로 나무를 흔들어 떨어지는 오렌지를 담는 방법을 사용한다.

LA에 있는 '대한인국민회' 기념회관에는 20세기 초 미국에서 독립운동을 하던 도산 안창호 선생이 남가주의 리버사이드 오렌지 농장에서 일하던 사진이 남아 있다. 콧수염을 기른 젊은 도산이 장화를 신고 허리에 광주리를 동여매고 오렌지를 따고 있는데 볼 때마다 가슴 한 켠이 뭉클해진다.

참고로 미국 남서부의 캘리포니아 주와 남동부의 플로리다 주는 오렌지농사의 대표적인 지역인데 캘리포니아 오렌지농장 조합이 '썬키스트' 이고 플로리다의 오렌지농장 조합 이름이 '델몬트' 이다. 캘리포니아 오렌지는 열매가 크고 달아 과일 채로 먹기 좋고 플로리다 오렌지는 주스로 먹기에 좋다고 한다.

99번 도로를 타고 가다보면 포도밭이 지겨울 정도로 등장한다. 포도밭은 포도나무가 자랄 수 있도록 뼈대를 설치해두기 때문에 한눈에 보면 알 수 있다. 캘리포니아 내 다른 지역의 포도밭이 와인을 생산하기 위한 것이라면 이 지역의 포도는 건포도를 만들기 위한 용도로 재배되는 경우가 많다.

건포도는 한 농부의 실수에 의해 만들어졌다고 한다. 제대로 보관하지 못해 말라비틀어진 포도가 생각 밖에 맛이 아주 훌륭했던 것이다. 하지만 좋은 건포도는 실제 나무에 달린 채로 만든 것이다. 포도나무에 물을 거의 주지 않아 포도가 말라비틀어진 상태가 되게 한 뒤 이 때 적당히 물을 주어 수확한 게 가장 좋은 건포도다.

그래서 이런 방식으로 만들어진 건포도는 '태양에 의해 만들어졌다' Sun Made는 의미로 'Sun -Maid' 라고 하는데 이 지역 건포도를 선전하는 광고판은 폭이 넓은 치마를 입고 금발의 백인 아가씨Maid가 건포도가 잔뜩 든 바구니를 들고 있는 모습으로 만들어져 있다. 과거 미국의 영화를 연상시키면서 향수를 불러일으키는 이 포스터는 스미소니언박물관에 원본이 보관돼 있을 정도로 미국인들에게 많은 사랑을 받고 있다. 포스터에 등장하는 이 아가씨는 실제 인물 로레인 콜레트 Lorraine Collett로 그녀는 얼마 전 타계해 미국인들을 슬프게 하기도 했다.

한참 가다보면 오렌지나무처럼 잎이 무성한 나무 과수원이 보이는데 아몬드 농장이라고 알리는 표지판이 보인다. 아몬드 농장 근처에는 껍질을 까는 분쇄 공장이 있게 마련이다.

마초라고도 하는 건초Hay는 식용보다는 동물, 특히 블랙 앵거스나 말의 사료로 사용되는 경우가 많다. 과천에 있는 경주마들도 캘리포니아의 건초를 먹어야 힘을 낸다고 한다.

99번 도로 중간에는 꽃들이 흐드러지게 피어 있다. '유도화'라고 불리는 이 꽃들은 도로 주변에 벌이나 나비 등이 서식하는 것을 막기 위해 꼭 심어야 한다고 한다. 이 유도화의 뿌리는 독성이 강해서 왕조 시대 때 사약의 원료로 쓰였다고 한

중가주에서 생산되는 건포도는 최고의 당도를 자랑한다. 금발의 젊은 아가씨가 등장하는 이 포스터는 스미소니언박물관에 전시된 정도로 미국인들의 사랑을 듬뿍 받았다.

다. 오른쪽으로는 이곳에서 생산된 농산물을 실어 나르기 위한 철로가 99번 도로와 나란히 달리고 있다.

✈ 독립운동 유적지 '리들리'

프레즈노 가는 길에 '리들리' Reedley로 갈라지는 표지판이 보인다. 리들리는 독립 운동과 관련이 깊은 곳이다. 1903년부터 하와이로 이민을 오기 시작한 조선인 이민자들이 미국 본토로 이주한 뒤에는 리들리를 중심으로 정착하기 시작했다. 농장 지대인 리들리는 조선 땅에서 벼농사를 지으며 살던 조선인 이민자들에게는 더없이 좋은 곳이었다.

이곳에서는 수많은 한인 쌀 부자와 만석꾼들이 나왔는데 그 가운데 김종림(1884~1973) 장군이 있다. '대한민국 최초의 공군 장군'으로 꼽히는 그는 쌀농사에서 성공한 후 독립운동에 큰 도움을 주었다. 1918년 신한민보 식자기계 구매를 위해 200달러를 기부했으며 1919년 1년 동안 재미동포의 독립의연금이 3만388달러25센트였는데, 이 중 최대 기부자가 3,400달러를 낸 김종림이었다. 그는 이런 공로를 인정받아 임시정부로부터 감사장을 받기도 했다.

그는 비행사 양성소 설립 자금으로 현금 3만 달러, 비행장 건축, 항공기 등 모든 기구와 시설에 대해 지원했다. 그가 내놓은 돈으로 비행기 2대와 미국인 기술자 1명, 한국인 교수진 6명의 지도 인력을 갖추게 되었다.

한국 정부는 그가 세상을 떠난 지 32년 만인 2005년에 건국훈장 애족장(5등급)을 추서했으며 지난 2010년에는 한국 정부 관계자들과 미주 지역 독립 운동 관련 단체들이 모여 독립문 제막식을 가져 이곳에서 조국 독립을 꿈꾸며 살아간 조상들을 기념하는 행사를 가지기도 했다.

✈ 농업의 도시이자 교통의 요지 프레즈노

바스토우에서부터 4시간을 달려 드디어 프레즈노Fresno에 도착했다. 인구 40만 명의 프레즈노는 농업의 도시다. 프레즈노는 이 일대에서 생산된 모든 농작물들이 이곳에 모인 뒤 미국과 전 세계로 수송돼 나가는 집산지다. '국제 농업 센터' International Agri-Center가 이곳에 있으며 '칼스테이트 프레즈노' 주립대학은 농축산 경제 관련 과목이 가장 유명하다.

프레즈노는 또 교통의 요지다. 요세미티는 물론 세계에서 가장 큰 나무가 있다는 '세코이아 국립공원' Sequoia National Park 과 '킹스캐년 국립공원' King's Canyon National Park으로 가는 도로

'가야'(KAYA) 식당에서는 맛있는 식사는 물론 양질의 견과류를 듬뿍 구입할 수 있다.

가 이곳에서 갈라진다. 북쪽으로 가면 요세미티 국립공원이요, 동쪽으로 가면 세코이아 · 킹스캐년 국립공원이다.

모두 1~2시간 거리 이내여서 이곳에서 숙박을 해결한 뒤 공원을 방문하는 경우가 많다. 우리가 묵은 쉐라톤 호텔 곳곳에 요세미티를 중심으로 활약한 전설적인 사진작가 안젤 애덤스 Ansel Adams의 사진이 걸려 있어 요세미티와 가깝다는 사실을 알 수 있다.

호텔에 체크인 하기 전 '가야 KAYA라는 식당을 먼저 들렀다. 호텔과는 불과 5분 거리다. 프레즈노에 있는 한인의 수는 약 2,000명이라고 한다. 식당 입구에 한인 교회의 집회를 알리는 포스터와 전도용 설교 CD가 비치돼 있는 게 LA 한인타운과 비슷하다.

프레즈노 쉐라톤 호텔은 아담하지만 시설이 무척 훌륭해 여행의 피로를 말끔히 씻어내기에 안성맞춤이다.

저녁 메뉴는 된장찌개에 생선 구이 및 돼지불고기 상추쌈이다. 테이블마다 와인이 서비스로 놓여있는데 단체 손님 식사가 이렇게 좋아도 되는지, 여행사가 적자를 보는 건 아닌지 괜히 내가 걱정된다. 용필수 사장이 운영하는 '가야'는 프레즈노를 거쳐 가는 한인 단체 관광객의 상당수가 이용하는데 연간 8만 명의 손님들이 다녀간다고 한다.

식당 한편에서는 건포도와 아몬드, 피스타치오 등 인근 농장에서 갓 수확해서 가공한 각종 견과류를 저렴한 가격에 대량으로 구입할 수 있다. 원산지에서 만든 것인 만큼 한국에 있는 가족들에게 선물하기에 제격이다. 맛을 보니 신선하고 설탕과 같은 인공 감미료가 첨가되지 않았음에도 무척 달다. 저녁 식사를 마치고 저녁 7시쯤 숙소인 '쉐라톤 포 포인츠' Four Points by Sheraton 호텔에 여장을 풀었다. 호텔은 2층 규모의 건물 여러 동이 합쳐진 것으로 아담하지만 시설이 무척 훌륭하다. 요즘 미국 호텔들이 객실에서 냉장고는 물론이고 커피 서비스도 없애는 추세지만 이 호텔에는 냉장고와 커피가 제공된다. 객실은 깨끗했고 건물 중간에 위치한 야외 수영장은 밤 11시까지 개방됐다. 수영장 옆 '자꾸지'에서 스파를 즐길 수도 있다.

Day2 둘째 날

집합 시간이 동이 트려면 한참 먼 새벽이지만 지각하는 사람이 한명도 없다. 가이드의 제안에 따라 시계를 모두 10분씩 빨리 맞춰 놓은 덕분이다. 이 정도 손님들이라면 '국가를 도모해도 되겠다'는 가이드의 말이 허투루 들리지 않는다.

첫날 저녁을 먹은 '가야' 식당에서 북엇국으로 아침을 해결했다. 다음 식사 시간까지 6시간이나 남았다는 하 상무의 설명 때문인지 밥을 남기는 사람이 거의 없다. 지난 며칠 동안 '단체 관광에서는 줄 때 먹지 않으면 굶게 된다'는 진리를 본능적으로 깨달은 것 같다.

식사를 마치고 첫 번째 관광지인 요세미티 Yosemite를 향해 출발했다. 캘리포니아 북쪽, 시에라네바다 산맥에 위치한 요세미티는 1984년 유네스코 세계유산으로 지정될 정도로 빼어난 경관을 인정받고 있다. 연간 500만 명의 관광객들이 찾고 있지만 방문객들의 대부분이 여름에 집중 방문하기 때문에

이 시기를 피하면 좀 더 여유있게 요세미티를 감상할 수 있다.

요세미티는 폭포가 아름답기로 유명하다. 폭포를 제대로 감상하기에는 5월이 제격이다. 겨우내 내린 눈이 이때부터 따스한 햇살을 받아 본격적으로 녹아내리면서 수량이 늘어나기 때문이다.

요세미티로 향하는 왕복 2차선의 41번 도로에는 아직 어둠이 짙다. 프레즈노와 요세미티를 연결하는 도로 옆에는 넓은 목초지가 펼쳐져 있다. 낮이라면 '블랙 앵거스'들이 초원에서 풀을 뜯는 장면들을 볼 수 있다. 어둠 속 건초 더미 사이로 큰 나무가 듬성듬성 보인다. 기사를 제외한 대부분의 손님들은 수면 모드에 들어갔다.

요세미티로 가는 길 중간에는 '오크허스트' Oakhurst를 지났다. 오크허스트는 요세미티 주변의 숙소 지역으로, 요세미티에 비해 방값이 저렴해 여행자들이 많이 이용한다.

✈ 칠흑 같은 어둠을 뚫고 요세미티로 출발

오크허스트를 지나 요세미티 안으로 들어섰다. 어렴풋이 멀리 보이는 하늘에는 동이 터 오는지 산등선이 어렴풋이 보이기 시작한다.

요세미티는 무척 넓다. 면적이 $3,081km^2$로 제주도 2개를 합친 것 정도다. 캘리포니아 주의 3개 카운티에 걸쳐 있는 것이 지리산이 전라남·북도와 경상남도의 경계를 이루는 것과 비슷하다. 산세 역시 지리산과 비슷하지만 규모는 훨씬 크다. 길은 꼬불꼬불하다. 산을 뺑 둘러서 돌아가게 만든 도로는 경사는 가파르지 않지만 굴곡이 심하다. 마치 경주 불국사에서 석굴암을 보기 위해 올라가는 도로 같다. 고도를 알리는 표지판이 2,000피트(약 600미터)에서 3,000피트, 4,000피트를 넘어 5,000피트(약 1,500미터)까지 높아졌다. 귀가 멍멍해지고 침을 삼키면 귀가 뻥 뚫린다. 고도가 높기는 엄청 높은 모양이다. 버스가 공원 입구를 지날 즈음 동이 터 오기 시작했다. 차창 밖으로 아직 녹지 않은 눈들을 장비를 이용해 도로 옆으로 치워 놓은 것이 보인다.

'와오나' Wawona 지역에는 박정희 대통령이 묵었던 숙소가 있다. 요세미티에 살던 인디언들과 전투를 벌이던 '마리포샤' Mariposa(스페인어로 '나비' 라는 뜻) 기병대가 머물던 진지도 남아 있다. 요세미티가 영화 '라스트 모히칸' 의 촬영 장소가 된 것도 백인 기병대와 인디언 부족 사이에 여러 차례 치열한 전투가 벌어졌기 때문이다.

왼쪽으로 요세미티의 거대한 산세가 보이기 시작하자 곳곳에서 손님들의 탄성이 터져 나왔다. 과연 도로 옆에 장대하게 펼쳐진 거대한 삼림이 울창하다. 요세미티는 계곡Valley과 세코이아 숲Sequoia Groves, 화강암 절벽Granite Cliffs과 하이 시에라High Sierra 등 4개 지역으로 구분된다. 지금 지나고 있는 곳은 그 중 세코이나 나무숲이다. 하늘로 쭉쭉 뻗은, 입이 뾰족한 세코이아 계통의 나무들이 빼곡히 들어선 것이 '바늘 꽃

요세미티 터널을 통과하면 면사포 폭포를 시작으로 본격적으로 요세미티의 절경이 펼쳐진다.

을'(立錐) 틈도 찾기 어려울 정도다. 세코이아 나무숲에는 자연적으로 산불이 발생하기도 하는데 공원 안내서에 따르면 이런 자연적인 산불을 통해 대자연이 균형을 유지하고 있다고 한다.

잠시 뒤 요세미티 계곡으로 들어서는 터널이 나왔다. 이 터널을 지나면 영화 속에서나 볼 수 있는 완전 딴 세상이 펼쳐진다. 길이 8마일(12km)의 요세미티 계곡은 거대한 빙하가 지나가면서 형성된 '피요르드' 계곡이다. 요세미티의 유명 볼거리는 이곳에 집중적으로 몰려 있다.

터널을 지나자 '면사포 폭포' Bridalveil Fall가 맨 먼저 눈에 들어

엘캐피탄과 하프 돔. 엘캐피탄은 전 세계에서 가장 큰 화강암 바위이며 하프 돔은 독수리 부리 모양을 하고 있다.

온다. 물이 떨어지는 모습이 결혼식 때 신부가 머리에 쓰는 면사포를 닮았다고 해서 붙여진 이름이다. 화강암 바위를 따라 수백 미터 낭떠러지 아래로 떨어지는 모양이 마치 면사포로 쑥스러워하는 신부의 얼굴을 가리는 것 같다. 오전 6시 40분밖에 되지 않았지만 해는 벌써 거대한 화강암 바위 위에 떠 있다. 일출 광경은 아쉽게 놓쳤지만 면사포 폭포의 장관은 이런 아쉬움을 충분히 만회하고도 남을 정도다.

면사포 폭포를 뒤로 하고 계곡 안으로 더 들어가니 세계에서 가장 큰 화강암 바위라고 하는 '엘캐피탄' El Capitan이 그 웅장한 모습을 드러냈다. 거대한 장방형(長方形)을 하고 있어 이름 그대로 장군처럼 요세미티 계곡의 입구를 든든히 지키는 듯하다. 엘캐피탄은 암벽 등반의 메카로 불리는, 암벽 등반가라면 꼭 한번은 도전하고 싶어 하는 곳이다.

엘캐피탄 옆으로 요세미티의 상징인 '하프 돔' Half Dome 이 보인다. 둥근 형태의 지붕인 '돔'이 절반 잘려나간 형태의 하프돔은 맨 꼭대기가 뾰족하게 되어 있어 독수리 부리를 닮았다. 독수리의 용맹성을 좋아하는 미국인들은 그래서 하프돔을 요세미티의 어느 지역보다 아끼고 사랑한다.

하프돔을 지나 요세미티 계곡 안의 '빌리지' Village 에 도착했다. 이곳에는 여행자들을 위한 방문자 센터를 비롯해 통나무집 형태의 캐빈형 숙소가 있다. 주로 가족 단위의 여행객들이 묵는데 가격은 그다지 비싸지 않지만 신청자가 많아 한여름 성수기 때는 방 구하기가 쉽지 않다.

이곳에서는 전 세계에서 낙차가 가장 크다는 '요세미티 폭포' Yosemite Fall 를 볼 수 있다. 요세미티 폭포는 물이 내려오는 도중 바위에 한번 부딪힌 뒤 다시 바닥에서 거대한 물보라를 일으켜 '3단 폭포'라고도 불린다. 면사포 폭포보다 수량이 많아 더욱 볼만하다. 전라도에서 온 어느 관광객이 "오매, 장관이여, 장관!"이라고 하자 다른 손님들도 고개를 끄덕인다.

빌리지에서는 요세미티에서 자생하는 '도그우드' Dogwood 나무를 많이 볼 수 있다. 하얀색의 도그우드 나무의 꽃은 잎이 6각형 모양으로 꽃을 주제로 한 사진집이나 엽서에 자주 등장한다.

지어진 지 수십 년은 족히 돼 세월의 흔적이 묻어나는 창 넓은 식당에서 갓 내린 따뜻한 모닝커피를 한잔 마셨다. 식당

'3단 폭포'로 불리는 요세미티 폭포는 나이아가라 폭포보다 낙차가 더 큰, 세계에서 가장 큰 낙차를 자랑한다.

곳곳에 자리 잡은 백인 노부부들의 모습이 인상적이다. 백인 부부들과 가족 단위 백인들이 많은 것으로 봐서 요세미티가 백인 중산층들로부터 무척 사랑받는 곳이라는 사실을 새삼 알 수 있다.

요세미티 폭포를 끝으로 우리를 태운 차는 요세미티를 빠져나와 샌프란시스코로 출발했다. 요세미티를 빠져나가는 140번 도로는 영국 여왕 엘리자베스 2세가 이용한 길이기도 하다. 여왕이 즉위 직후 이 공원이 보고 싶어 공원 측에 방문을 요청했지만 여왕 일행과 수행원, 그리고 수많은 기자들이 올 경우 자연이 훼손될 것을 우려한 공원이 정중하게 방문을 거절했다고 한다. 그래서 여왕이 수년 뒤 일반인 자격으로 남편 필립 공과 함께 방문한 뒤 이 길로 지나갔다는 가이드의 설명이 흥미롭다. 여왕 뿐 아니라 영국 수상 처칠과 프랑스 대통령 드골 등도 모두 요세미티를 다녀갔다고 한다.

샌프란시스코 가는 길 중간에 '머시드' Merced가 있다. 머시드는 캘리포니아의 10번째 주립대학인 UC머시드가 몇 년 전 개교한 곳이다. 개교하자마자 우수 학생들을 대거 유치하며 명문으로 발돋움하고 있는 UC머시드는 초대 총장으로 연세대 출신의 한인 강성모 박사가 임명돼 한인들에게는 각별한 의미가 있는 학교다.

✈ 드디어 낭만의 도시 샌프란시스코로

다음 목적지는 샌프란시스코다. 샌프란시스코는 '기대에 부응하는 도시' 라는 가이드의 설명에 도시에 대한 기대감이 더욱 커졌다. 요세미티에서 샌프란시스코까지는 차로 3시간 거리다. 아침을 일찍 먹은 까닭에 오전 10시 반쯤 도로 옆 기념품 가게 잔디밭에서 점심을 해결했다. 메뉴는 프레즈노 '가야' 식당에서부터 배달된 도시락과 배추국이다. 기념품 가게에서 파는 채소를 튀겨 만든 '베지칩' Vegi Chip의 맛이 일품이다.

점심을 먹고 출발한 버스는 샌프란시스코에 동쪽으로 뻗어 있는 580번 고속도로를 탔다. 초원지대를 가로지르는 580번을 1시간 이상 달리니 오클랜드 Oakland 시가 나타났다. 오클랜드는 서부 3대 무역항 가운데 하나다. 과연 오클랜드에 들어서자마자 거대한 항구 시설과 컨테이너를 가득 실은 배들이 눈에 들어온다. 오클랜드는 메이저리그 야구단 '오클랜드 애슬레틱스'가 홈으로 사용하고 있으며 방값이 저렴해 샌프란시스코를 방문하는 이들이 숙소로 많이 이용하고 있다.

오클랜드를 지나니 베이브릿지Bay Bridge가 보인다. '금문교' Golden Gate Bridge(金門橋)보다 1년 빠른 1936년 개통한 베이브릿지는 샌프란시스코와 오클랜드를 연결한다. 거대한 철골 구조물 모양으로 상층과 하층 등 2층으로 돼 있는데 상층은 '오클랜드 → 샌프란시스코', 하층은 '샌프란시스코 → 오클랜드' 방향이다. 모양은 한강철교, 구조는 잠수교와 비슷하다.

베이브릿지를 건너다보면 다리 중간에 섬을 2개 만난다. 하나가 '트레저 아일랜드'Treasure Island, 즉 보물섬이고 다른 하나는 '여바 부에나'Yerba Buena다. 여바 부에나는 샌프란시스코의 옛날 이름이다.

다리를 건너면 바로 샌프란시스코다. 저 멀리 샌프란시스코 도심을 상징하는 피라미드 형태의 뾰족한 '트랜스 아메리카 빌딩'Transamerica Pyramid이 눈에 들어온다. 샌프란시스코는 건물이 빼곡하게 들어서 복잡하다. 회색 빛 건물이 많아 우중충한 분위기를 주는 것이 '다시 샌프란시스코에 왔구나' 하는 사실을 실감나게 한다. 샌프란시스코를 방문할 때마다 왜 이 도시의 건물들은 모두 우중충한 색일까 하는 궁금증이 들었는데 1년 중 안개가 끼는 날이 300일에 가깝다는 가이드의 설명을 들으니 이해가 됐다.

금문교보다 1년가량 먼저 개통한 베이브릿지는 샌프란시스코와 동쪽의 오클랜드를 연결하는 통근 다리로 사용된다.

샌프란시스코에 진입한 버스는 먼저 샌프란시스코 도심에 위치한 차이나타운을 향했다. 청나라가 영국과의 아편전쟁(1842년)에서 패한 뒤 본격적으로 시작된 중국인들의 해외 이주는 미국까지 이어졌다. 미국으로 건너 온 화교(華僑)들은 대륙 횡단 철도 건설 현장에서 노동하며 생존하게 되는데 여기서 많은 희생자가 발생했다.

대륙횡단 철도는 대서양에서 시작한 철도와 태평양 샌프란시스코에서 시작하는 철도가 중간에서 만나는 방식으로 공사가 진행됐고 서부 지역 공사에 중국인들이 크게 기여했다. 이를 인정한 미국 정부는 샌프란시스코 인근에 중국인 집단촌 건

차이나타운 입구. 샌프란시스코의 차이나타운은 전 세계 차이나타운 가운데 가장 큰 규모로 해외 차이나타운의 '어머니' 같은 곳이다.

80년 역사를 자랑하는 샌프란시스코 크루즈는 비록 1시간이 못되지만 샌프란시스코의 매력을 가장 잘 느끼는 방법이다.

설을 허용했고 이것이 오늘날 샌프란시스코 차이나타운의 유래가 됐다. 그래서 샌프란시스코 차이나타운은 미국에서 가장 큰 차이나타운이면서 미국 내 모든 차이나타운의 '어머니' 같은 역할을 하고 있다. 샌프란시스코 차이나타운은 LA나 다른 차이나타운과는 달리 독특한 분위기가 있으며 가장 '중국스러운' 형태를 유지하고 있다. 차이나타운 어디나 있는 용머리 정문에는 '천하위공'(天下爲公)이라고 쓰인 현판이 걸려 있다. 중국의 국부로 불리는 손문(孫文)이 즐겨했다는 말로 '세상 모든 것이 공공을 위해 존재한다'는 뜻인데 '홍익인간'(弘益人間)의 개념과 비슷하게 생각된다.

다만 아쉬운 점은 차이나타운의 중심 도로의 폭이 좁아 대형 버스가 한 가운데를 지나가지 못한다는 것이다. 버스가 들어가지 못하기 때문에 차이나타운 밖으로 우회할 수밖에 없다.

다음에 도착한 곳은 샌프란시스코의 부두다. 이곳에서 곧바로 1시 15분에 출발하는 '레드앤화이트 플리트' Red And White Fleet사의 크루즈에 승선했다. 70년 넘게 계속되고 있는 이 크루즈는 오전 10시부터 하루 8~14번 운항한다. 크루즈는 '금문' Golden Gate(金門)으로 불리는 샌프란시스코 만을 둘러본다. 태평양 연안을 탐험하던 스페인 탐험대가 이곳에 만이 있다는 사실을 뒤늦게 발견하고 그 가치를 높이 평가해 금문이라는 최고의 이름을 붙였다. 크루즈는 금문이 시작되는 금문교 바로 아래까지 갔다가 돌아오는데 30~45분 가량 소요된다. 탈 때 나눠주는 안내방송장비를 채널 65번에 맞춰놓으면 한국어로 된 설명을 들을 수 있다. 처음에는 모든 승객이 서둘러 갑판 위에 자리 잡았지만 배가 출발하자 바람이 너무 센 까닭에 상당수가 배안으로 들어갔다. 배 위에서 보는 바다 물결이 무척 세다. 바다가 마치 성이 난 것 같다. 조류가 세서 배의 접근이 쉽지 않다는 사실을 한눈에 봐도 알 수 있다.

크루즈는 금문과 태평양 경계 위에 건설된 금문교 아래를 돌아 출발지점으로 방향을 돌렸다. 배 왼쪽은 장만옥과 여명이

지하에 설치된 케이블에 의해 작동하는 케이블카는 비록 속도는 느리지만 지금도 대중교통으로 이용되고 있으며 전 세계에서 온 관광객들로부터 사랑을 받고 있다.

출연한 영화 '소살리토'의 배경이 된 '예술가들의 도시' 소살리토 Sausalito가 보인다. 오른쪽은 샌프란시스코 도심이다. 마치 영화의 한 장면 속에 들어와 있는 것 같다. 바닷바람은 그칠 줄 모른다. 바람을 하도 맞아 볼이 얼얼할 지경이다.

돌아올 때는 영화 '더록' The Rock(1996년)에 등장하는 '알카트라즈' Alcatraz 감옥을 우회했다. 스페인어로 펠리컨을 뜻하는 '알카트라즈' 섬 위에 건설된 이 감옥은 연방 정부에 의해 운영됐다. 알카트라즈 감옥은 바다 위에 떠있는 바위섬에 건설돼 탈출이 어렵게 돼 있다. 1930년대 건설돼 1963년까지 운영되는 동안 약 30명이 탈출을 시도했다는데 단 3명만이 탈옥에 성공했다고 한다. 하지만 이들을 육지에서 본 사람은 아무도 없다. 탈옥에는 성공했지만 육지에 도달했는지는 아직도 확인되지 않고 있는 것이다. 육지에 닿기 전 고깃밥이 됐는지, 아니면 세상을 비웃기라도 하듯 다른 이름으로 유유히 살아가고 있는지도 모를 일이다.

페리에서 내리면 곧바로 케이블카를 타는 곳이다. 케이블카는 샌프란시스코의 명물로 지금도 샌프란시스코의 유용한 교통수단으로 사용되고 있다. 케이블카는 짐을 가득 실은 마차를 끄는 말들이 샌프란시스코의 가파른 언덕을 오르다 쓰러지는 광경을 본 한 사업가에 의해 구상됐다고 한다.

케이블카는 도로 밑에 설치된 철선에 의해 움직인다. 그래서 다른 곳에서 보는 케이블카와 달리 하

'금문'으로 불리는 샌프란시스코 만 입구를 가로지르는 금문교는 세계 최초의 현수교이자 전 세계 모든 다리를 대표하는 다리로 손꼽힌다.

늘 위에 전선이 연결돼 있지 않다. 케이블카에는 자리가 충분하지 않아 복잡할 때는 발판에 매달려 가곤 하는데 이런 장면은 CF에 자주 이용될 정도로 이국적인 분위기를 연출한다. 중간 중간에 타고 내리는 곳이 있어 직원이 어디라고 얘기해준다. 차이나타운이 가까워 중국인들이 수시로 타고 내린다.

케이블카에서 내리는 곳에 우리를 태운 버스가 대기해 있었다. 버스를 타고 다음 목적지인 샌프란시스코의 상징 중의 상징인 금문교를 향했다. 1937년 완공된 금문교는 당시로서는 혁신적인 기술인 현수교 방식으로 건설된 최초의 다리다.

조셉 스트라우스 교수가 설계한 금문교는 당시로서는 천문학적인 공사비 3,600만 달러에 2만7,572개의 철골 구조물이 사용돼 공사 시작 6년 만에 완공된 뒤 지금까지 세계에서 가장 멋진 다리로 남아 있다.

금문교 북쪽 포인트에서는 금문교와 도시를 한눈에 조망할 수 있지만 다리가 직선으로 보이는 단점이 있다. 그래서인지 북쪽 포인트보다는 다리가 시작되는 남쪽 포인트가 더 기억에 남는다. 남쪽 포인트에는 조셉 스트라우스 교수의 동상이 서 있고 다리 아래로 '금문 Golden Gate'을 지키는 군사 기지가 보인다. 볼 때마다 미국의 힘이 느껴지는 곳이다.

금문교는 샌프란시스코로 들어올 때만 통행료를 낸다. 요금은 차축 하나에 3달러다. 승용차인 경우 축이 2개여서 6달러다. 원래는 양 방향 모두 통행료를 냈지만 공사비 대출금을 모두 상환한 1984년부터는 한쪽 방향에서만 요금을 내면 된다. 자전거나 걸어서 건널 때는 무료다.

금문교를 뒤로 하고 저녁 식사 장소로 이동했다. '한일관' 이라는 한국 식당에서 된장찌개를 곁들인 오징어무침과 갈비구이 등으로 저녁을 해결한다. 여행의 마지막 저녁인 만큼 하용철 상무가 테이블마다 소주 한 병씩을 서비스했다.

숙소로 이동할 때는 태평양의 절경을 감상할 수 있는 '해안대로' Ocean Boulevard를 이용했다. 남쪽으로 조금 내려가니 마치 성냥갑 같은 집들이 그림처럼 펼쳐지는 데일 시티 Dale City가 나타났다.

공항 근처 컴포츠인 Comforts Inn 호텔에서 샌프란시스코에서 한국으로 떠나는 일행 10여 명이 내렸다. 샌프란시스코에서 LA까지는 가는 길에 펼쳐지는 그림 같은 바닷길을 보지 못하고 여행을 마치는 이들에게 안타까운 생각이 들었다.

LA까지 가는 손님들의 숙소는 쉐라톤 호텔이다. 샌프란시스코에서 남쪽으로 1시간가량 떨어진 서니베일 Sunnyvale에 위치한 쉐라톤 호텔은 어제 묵었던 '프레즈노 쉐라톤' 보다 더 깨끗하고 좋다.

Day3 셋째 날

오늘 아침은 어제보다 여유 있다. 전날보다 기상 시간과 출발 시간이 각각 1시간가량 늦은 덕분이다. 그렇지만 아직 바깥은 어제와 마찬가지로 칠흑 같은 어둠이다. 교통이 한산한 새벽 시간을 이용해 도로 공사를 하는 모습이 인상적이다. 대부분의 손님들은 부족한 잠을 보충한다. 기사는 속도를 시속 62마일(100km)에 고정시켜 놓았다. 운전석 계기판을 보니 바깥 기온은 화씨 49도(섭씨 10도)다. 밖에 나가면 제법 쌀쌀할 터이다.

101번 고속도로 남쪽 방면으로 1시간 정도 달려온 버스는 몬테레이 반도로 연결되는 156번 도로로 방향을 틀었다. 'Imjin Pkwy'(임진 도로)라는 표지판이 보여 이름이 참 특이하다 생각했는데 이곳이 한국 전쟁 당시 자진해서 2사단장으로 참전했다가 북한군에 의해 생포된 딘 소장의 고향이어서 그렇다고 하 상무가 나중에 설명해줬다. 지금도 2사단은 한

'17마일 드라이브'는 미 서북 태평양연안의 아름다움을 제일 잘 감상할 수 있는 곳이다.

국 의정부에 사단 본부를 두고 임진강을 중심으로 한 서울 북쪽 경기도의 방위를 책임지고 있다.

손님들을 태운 버스는 남쪽으로 달려 몬테레이 반도에 위치한 한식당에 도착했다. '해변도시' Seaside라는 아름다운 이름을 지닌 이 도시는 바다에서 몰려온 짙은 안개가 내려앉아 한 폭의 그림 같다. 이 외딴 곳에도 한식당이 있다는 사실이 놀랍다. 화교들이 많은지 한자 간판이 많이 보인다. 바다가 가까워 습기를 잔뜩 머금은 아침공기가 상쾌하게 느껴진다.

오늘의 첫 번째 목적지는 '17마일 드라이브' 17 Mile Drive 코스다. 몬테레이 반도를 둘러싼 17마일(26km) 도로를 둘러보는 이 코스는 태평양의 절경은 물론 미국 최고 부자들의 별장도 구경할 수 있다.

끝없이 펼쳐지는 살리나스의 채소밭. 대공황 당시 이곳에서 노동력을 팔아 하루하루 살아가던 노동자들은 존 스타인벡에게 '분노의 포도'의 영감을 제공했다.

몬테레이 반도는 많은 유명 인사들과 연관 있는 곳이다. 제임스 딘(1931~1955년)이 이곳을 자주 다녀갔고 존 스타인벡이 이곳을 배경으로 '통조림 거리' Cannery Row(1945년)라는 작품을 썼다. 이곳에서는 한 때 정어리를 가공해서 통조림을 만드는 공장이 번성했다. 존 스타인벡은 이후 '불만의 겨울' The Winter of Our Discontent(1961년)이라는 작품으로 1962년 노벨문학상을 받게 된다.

'17마일 드라이브'는 영화 세트장으로도 자주 활용된다. 알프레드 히치콕 감독의 영화 '새' The Birds(1963년)의 마지막 장면과 '원초적 본능' Basic Instinct(1992년)에서 형사로 나오는 마이클 더글러스가 살인 용의자로 지목된 샤론 스톤을 경찰서로 연행하는 장면이 모두 이곳에서 촬영됐다.

1시간 남짓의 드라이브 뒤 마지막으로 '페블비치' Pebble Beach 골프장 라운지를 들렀다. 페블비치 골프장은 2010년까지 US오픈 골프대회가 다섯 번 열렸을 정도로 미국을 대표하는 골프장이다. 파도가 넘실대는 태평양을 배경으로 한 이곳 골프장은 전 세계에서 가장 아름다운 골프장을 선정할 때면 빠지지 않고 상위 순위에 포함된다. 라운지에서는 기념사진을 찍고 기념품을 살 수 있다.

17마일 드라이브를 빠져나온 버스는 '살리나스' Salinas로 향했다. 살리나스에 들어서니 광활한 토지에 채소밭이 끝없이 펼쳐졌다. 배추도 보이고 파도 보였다.

살리나스는 존 스타인벡의 '분노의 포도' The Grapes of Wrath (1939년)의 배경이 된 곳이다. 대공황 당시 중서부 오클라호마를 떠나 캘리포니아에 정착하는 백인 빈민층의 삶을 그린 분노의 포도는 살리나스 농장 지대의 풍경이 잘 묘사돼 있다. 지금의 살리나스가 그 때와 달라진 게 있다면 당시에는 백인 빈민 노동자들이 농장에서 일을 했다면 현재는 멕시코에서 넘어온 이민자들이 그 자리를 대신하고 있다는 점이다.

살리나스를 떠나 101번 도로를 타고 한참 남쪽으로 내려와 샌타 마리아의 뷔페식당에서 점심을 해결했다. 아직 오전 11시 20분이어서 아침 메뉴와 11시 30분 이후 나오기 시작하는 점심 메뉴를 동시에 즐길 수 있었다.

샌타마리아를 떠나 이번 여행의 마지막 관광 코스인 덴마크 마을 솔뱅 Solving에 도착했다. '샌타 이네즈' Santa Ynez라고 하

'샌타 이네즈' 계곡 깊숙한 곳에 위치한 솔뱅은 박해를 피해 자리 잡은 덴마크 마을로 북유럽의 정취를 느낄 수 있다.

는 계곡 깊이 위치한 솔뱅은 20세기 초 덴마크계 이주민들이 박해를 피해 건설한 덴마크 민속촌이다. 풍차며 건물들이 덴마크 형식으로 돼 있어 마치 유럽 어느 작은 마을에 온 듯한 기분이 든다.

마을 입구에는 덴마크를 상징하는 아동문학 작가 한스 안데르센의 흉상이 설치돼 있다. 상주인구가 2만 명에 불과한 솔뱅은 1980년대 들어 '시' city로 승격했다. 덴마크 정부에서는 이를 기념해 머릿돌을 기증했는데 돌에는 솔뱅과 덴마크 사이의 거리가 1만km라고 새겨져 있다. 솔뱅은 풍차를 비롯해 북유럽 분위기를 물씬 풍기는 건물들이 많아 사진 찍기에 적합하다.

솔뱅을 끝으로 요세미티·샌프란시스코 2박3일 여행이 마무리됐다. LA에 도착하니 오후 5시다. 버스는 JJ그랜드호텔에서 한국으로 출국하는 손님들을 내려준 뒤 삼호관광 사무실로 향했다.

브라이스·자이언캐년 및 그랜드캐년 3박4일

브라이스캐년으로 가는 길은 멀고도 험했다. 라스베이거스에서 브라이스캐년까지 가는 동안에도 여러 개의 캐년을 보게 되는데 하나같이 아름답고 신비로운 분위기를 연출한다. 이름도 제대로 알려지지 않은 캐년들이 저 정도면 브라이스캐년은 과연 어느 정도로 대단할까 하는 기대감이 계속해서 커져 갔다.

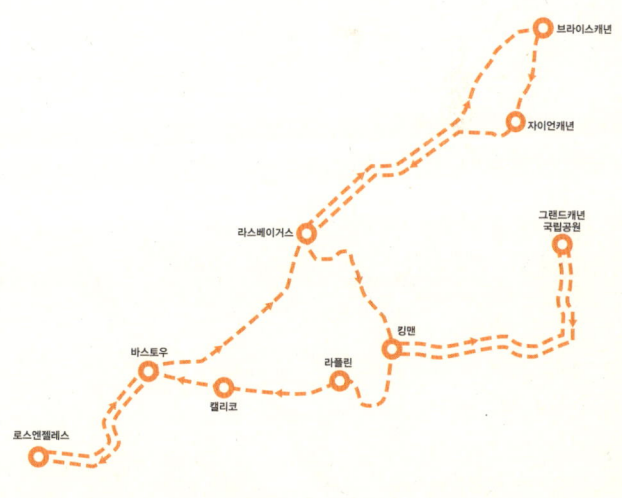

이중목 가이드(오른쪽)는 경력 1년차의 신참이어서 서툰 면도 없지 않지만 손님들은 오히려 그의 이런 참해서 신뢰감을 느꼈다. 응춘호 기사는 무뚝뚝한 표정과 달리 손님한 사람한 사람에게 친절했다.

여행개요

- 일정 : 2011년 5월 23일(월) ~ 2011년 5월 26일(목)
- 가이드 : 이중목 가이드
- 기사 : 응춘호(伍鎭豪, Ng Chun Ho, 홍콩 출신의 중국계 이민자로 그는 자신을 'Ho'라고 소개했다.)
- 차량 : '프레보스트'(Prevost) H-리즈 56인승 대형 리무진

이중목 가이드는 경력 1년차의 신참 가이드다. 한양대에서 디자인을 전공한 엘리트. 투어를 나가지 않을 때는 사무실에서 광고 디자인 업무를 맡는다. 아직 경력이 길지 않아 미숙한 부분도 있지만 손님들은 오히려 그의 그런 면에서 신뢰감을 느끼는 듯하다. '껄렁껄렁함'이 없어 가족, 그 중에서도 막내 동생이 여행을 가이드 하는 느낌을 받게 된다.

어떤 때는 하루 10달러의 가이드 팁 걷는 것을 잊지 않아 손님들이 따로 먼저 챙겨줄 정도다. 이번에도 대구 출신의 4자매와 이모 등 5명 팀이 마지막 날 저녁에 "왜 팁을 걷지 않냐"며 손에 쥐어주기도 했다.

관광지에서는 카메라를 준비하지 못했거나 사진 찍어줄 사람이 필요한 손님들에게 자진해서 찾아가 사진을 찍어주는 게 인상적이다. 가이드 교육을 시켜 준 정승화 이사로부터 배웠다고 했다. 손님들을 가족처럼 대해주는 정 이사처럼 되고 싶다는 그의 말에서 진심이 묻어났다.

홍콩 출신 이민자인 응춘호 기사는 여행 내내 한국인 관광객들에게 친절했고 안전 운전으로 손님들로부터 많은 사랑을 받았다. 'Thank you'라고 인사하면 '천만에요'라고 되풀이했다. 액센트를 '요'에 두어서 홍콩 영화에서 들을 수 있는 광둥어 발음이 연상됐다. 버스에서 내릴 때는 '조심하세요'라고 말했고 이중목 가이드가 '버스타세요'라고 손님들을 불러 모으자 무슨 뜻이냐고 묻더니 다음 여행지에서부터 '버스타세요'라고 말하기 시작했다. 한국 노래가 너무 달콤하다며 MP3 플레이어에 담고 다니며 즐겨 들었고 김치찌개에 밥을 말아 먹을 정도로 한국 음식도 좋아했다. 그는 한국과 한국 사람이 좋다고 했다.

기본 일정

Day 1
LA 삼호관광 출발 ➡ 다이아몬드바 한남체인 마켓에서 잠시 휴식 ➡ 중간 기착 도시 바스토우 도착 후 점심 ➡ 라스베이거스 도착 후 호텔 체크 ➡ 저녁 식사 ➡ 야경 투어 ➡ 윈 호텔 '르 뢰브' 쇼 감상

Day 2
기상 후 조식 ➡ 브라이스캐년 관광 ➡ 유타 주의 시골 마을에서 미국식으로 점심 식사 ➡ 자이언캐년 감상 ➡ 라스베이거스 도착 후 저녁 식사 ➡ 'KA' 쇼 감상

Day 3
기상 후 조식 ➡ 애리조나 주로 이동 ➡ 그랜드캐년 경비행기 또는 I-MAX 영화 관람 ➡ 중식 ➡ 그랜드캐년 사우스림 관광 ➡ 휴양 도시 '라플린'에 도착 후 호텔 체크인 ➡ 저녁 식사 후 자유 시간

Day 4
기상 후 조식 ➡ 라플린 출발 ➡ 폐광된 은광촌 '칼리코' 관광 ➡ 바스토우에서 중식 ➡ LA 도착

※ 일정은 여행 사정에 따라 달라질 수 있음.

한마디로 요약한다면…

이건 정말 좋다
★ 세계 4대 명품 호텔로 손꼽히는 라스베이거스 '벨라지오 호텔'에 숙박한다. ★ 브라이스캐년, 자이언캐년 및 그랜드캐년 등 미국 대표 3대 캐년을 동시에 볼 수 있다. ★ 라스베이거스에 요즘 최고 뜨고 있는 '르 뢰브' 쇼와 'KA' 쇼를 모두 감상할 수 있다. ★ 라스베이거스에서 이틀을 보내 야경투어와 자유 시간을 넉넉히 가질 수 있다. ★ 일정이 대체로 여유 있다. ★ 마지막 날을 라플린에서 편하게 보낼 수 있다.

그래도 이건 좀 아쉽다
★ 월요일에만 출발 가능하다.(2011년 5월 현재) ★ 이동 거리가 많다. ★ 미리 신청하지 않으면 벨라지오에 묵지 못할 수도 있다.

벨라지오에 머물며 3대 캐년
관광하는 럭셔리 상품

"화려하지는 않지만 고상함이 느껴졌습니다. 역사가 오래되진 않았지만 오랜 역사가 있는 호텔처럼 느껴졌지요. 끝까지 벨라지오를 고집하길 잘 했다는 생각입니다."

경기도 파주시 탄현면 '헤이리' 예술 마을에서 '위즈' 호텔을 경영하는 김성희 대표의 얘기다. 5월 한 달을 필라델피아에 교환 교수로 와 있는 동생 집에 머물며 미국 각지를 여행하고 있다는 김 대표는 벨라지오 호텔에서 묵게 된 것에 대해 상당한 만족감을 표시했다.

위즈 호텔은 드라마 '꽃보다 남자'와 시트콤 '거침없이 하이킥' 등의 촬영장소로도 잘 알려져 있다. 김성희 대표는 "한국에서 호텔을

벨라지오 호텔 분수쇼는 기존 분수쇼의 개념을 바꿔 놓았다. 예술성과 웅장함이 잘 조화돼 라스베이거스 무료 쇼 가운데 단연 최고 인기다.

경영하고 있기 때문에 벨라지오 호텔에서 꼭 묵어보고 싶었다"며 "마침 삼호관광에서 벨라지오 투숙 상품이 나왔다는 얘기를 듣고 관광에 참여하기로 했다"고 말했다. 수년에 걸쳐 호텔을 직접 건축한 경험을 갖고 있어 호텔에 대해서는 누구보다 잘 안다는 그녀는 "대리석은 잘못 사용하면 물이 묻을 경우 격이 떨어지곤 하는데 전혀 그렇지 않았다"며 "대리석을 잘 아는 사람이 건축에 참여했다는 사실을 금방 알 수 있었다"고 덧붙였다.

관광회사로는 세계 최초로 벨라지오 투숙

삼호관광이 미국 관광사에 길이 남을 쾌거를 만들어냈다. 관광회사로는 최초로 라스베이거스 최고급 호텔인 벨라지오에 '입성'한 것이다. 콧대가 세기로 유명한 벨라지오 호텔이 단체 관광 손님을 정기적으로 받은 건 한인 관광회사뿐 아니라 전 세계를 통틀어서도 삼호관광이 최초라는 게 회사 측 설명이다.

라스베이거스는 카지노 손님 유치를 위해 방값을 저렴하게 유지하고 있다. 하지만 벨라지오는 평일에도 300달러 이상을 내야 하룻밤을 묵을 수 있는 비싼 호텔이다. 그래서 대부분의 관광객들이 호텔 앞 연못에서 펼쳐지는 분수쇼 구경만으로 만족하고 돌아간다. 그런 벨라지오가 삼호관광의 패키지 손님을 정기적으로 받기로 했다는 건 관광업계에서는 일대 충격으로 받아들이고 있다.

이번에 둘러본 '브라이스·자이언·그랜드캐년 3박4일'은 세계 4대 명품 호텔로 꼽히는 벨라지오 호텔에서 럭셔리하게 2박하면서 미 서부 3대 캐년을 둘러보는 상품이다. 그러면서도 라스베이거스에서 충분한 시간을 보낼 수 있도록 구성됐다.

한국인에게는 그랜드캐년 외 다른 두 개의 캐년은 익숙한 이름이 아니지만 미국을 여러 번 여행했거나 이곳에 살고 있는 사람들은 브라이스캐년과 자이언캐년이 더 아름답다고 말하는 것을 흔히 들을 수 있다. 그렇기 때문에 미국 서부를 여행하면서 이 두 개의 캐년을 둘러보지 않았다면 두고두고 후회하게 된다.

주 전체가 콜로라도 고원이면서 사막인 유타 주는 곳곳에서 국립공원과 국유림을 만날 수 있을 정도로 경치가 빼어나다. 이 상품은 특히 2011년 5월 16일부터 새로 시작된 코스여서 이미 서부 대륙을 관광했다 하더라도 한번 쯤 다녀올 만하다.

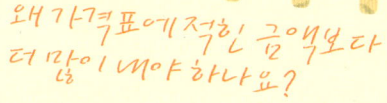
왜 가격표에 적힌 금액보다 더 많이 내야 하나요?

물건을 구입할 때 미국과 한국의 가장 큰 차이점 가운데 하나가 세금이 따로 붙느냐 포함됐느냐이다. 한국의 경우 호텔 등 고급 식당을 제외하면 일반적으로 세금, 즉 '부가가치세'(VAT)가 가격에 포함돼 있는 경우가 많다. 신용카드를 사용해 물건값을 지불해보면 구입가의 10%가 부가가치세라고 표기된 것을 알 수 있다.

반면 미국에서는 '스타벅스'나 '커피빈' 같은 커피전문점을 제외하면 대부분의 매장에서 세금을 따로 부과하고 있다. 이런 세금을 미국에서는 '판매세'라고 해서 'Sales Tax'라고 부르는데 이는 주마다, 혹은 카운티(County·한국의 '도' 정도되는 자치 단체)나 시마다 다르다.

2011년 5월1일 현재 LA카운티의 판매세는 9.75%로 9.99달러짜리 물건을 구입하면 10.96달러를 내야 한다. (미국의 물건 값은 대부분 끝자리가 '99'로 되어 있는 경우가 많다. 물론 조금이라도 싸게 보이게 하기 위해서다.) 판매세는 주민 투표를 통해 결정되기 때문에 판매세를 인상하거나 낮추기 위해서는 주민투표를 거쳐야 한다.

Day 1 첫째 날

삼호관광을 통해 이미 여러 차례 여행을 다녀왔지만 여행 전날부터 설레는 것은 이번에도 동일하다. 여행을 떠나기 위해 이른 아침부터 서둘러 관광회사에 도착했을 때의 설렘은 경험해본 사람이면 누구나 잊지 못한다. 배웅하는 가족들과 떠나는 이들, 그리고 손님을 맞기 위한 직원들의 움직임 하나하나가 여행 분위기를 한껏 고조시킨다. 우리는 이 순간의 설렘을 느끼기 몇 달 혹은 몇 년의 힘든 시간을 참아내는지도 모른다.

✈ 여행 첫날은 늘 설렌다

연휴 때를 제외하면 매주 월요일은 관광회사들에 있어 가장 바쁜 날이다. 대부분의 여행 코스가 이날 아침에 출발하기 때문이다. 삼호관광 주차장에 여러 대의 대형 버스들이 주차해 있고 저마다 자기 버스 찾느라 이리저리 뛰어다니는 모습이

월요일은 여행사에 있어 가장 바쁜 하루다. 저마다 자신이 타야하는 버스를 찾느라 뛰어다니는 풍경이 정겹다.

정겹기 그지없다.

여행을 떠나는 관광객들의 손에는 여행 가방과 함께 차안에서 먹을 과일과 식혜, 도넛 등이 든 비닐봉지도 들려 있다. 자식을 보기 위해 미국까지 온 부모님을 여행시켜 드리기 위해 배웅 나온 자녀의 걱정스런 표정을 보고 있노라면 마음이 따뜻해진다. 관광 회사를 통해 여행을 보내드리는 자녀 가운데 아들보다 딸이 압도적으로 많다는 점을 보면 '딸을 낳으면 비행기 탄다'는 말이 맞기는 한가 보다.

패키지여행임에도 불구하고 젊은이들도 적지 않다. 신혼여행을 떠나는 젊은 부부 한 쌍이 같은 버스에 올라탔다. "이모예~"라는 부르는 경상도 사투리도 들린다. 그러고 보니 버스 안에서 팔도 사투리를 다 들을 수 있다.

평소보다 약간 늦은 9시 40분 다이아몬드바 한남체인으로 출발했다. 버스가 출발하자 가이드가 자기소개를 시작한다. 대학에서 디자인을 전공했고 투어를 나오지 않을 때는 광고 디자인 작업을 한다고 했다. 버스가 떠나면 가이드들은 손님들의 인원 파악에 나서는데 주로 어디서 왔는지를 많이 물어본다. 그래야 안내의 '눈높이'를 정할 수 있기 때문이다. 이번에도 한국에서 온 관광객이 미국에 살고 있는 한인들보다 더 많다.

우리가 탄 버스는 '라이온 익스프레스' Lion Express라는 회사에서 빌린 차지만 2011년형 모델이어서 차가 깨끗한 편이다. 미국에서 25인승 이상일 경우 운전자를 제외하고는 안전벨트를 매지 않아도 되지만 2011년형 버스 가운데는 안전벨트가 설치된 것도 있다고 가이드가 설명했다.

✈ 영화 '스피드'의 배경이 된 고속도로, 한인 건축가가 설계

버스가 한인 타운을 빠져나와 10번 고속도로에 올라타고 LA 다운타운을 지나가자 가이드의 설명이 계속됐다. LA에서 가장 높은 빌딩은 현재 'US 뱅크' 건물로 사용되고 있는 것으로 맨 윗부분이 둥근 형태로 돼 있다. 73층 건물로 한국의 '63빌딩'보다 10층이 더 높다.

63빌딩 얘기가 나와서인지 가이드가 105번 고속도로 얘기를 꺼낸다. 10번 고속도로 남쪽에서 LA국제공항과 LA 남쪽의 중산층 지역인 '오렌지카운티' Orange County를 연결하는 105번 고속도로는 한인 박기서씨가 설계한 것으로 유명하다. 박씨는 오렌지카운티 퍼포밍아츠센터와 주일 미국 대사관 등 굵직굵직한 건물들을 여럿 설계하는 등 미주 한인 사회에서는 꽤나 알려진 인물이다. LA공항으로 연결되는 105번 고속도로에서는 영화 '스피드' Speed(1994년)의 추격 장면이 촬영되기도 했다.

고속도로 얘기가 좀 더 이어졌다. 미국의 고속도로는 시멘트로 된 게 많다. 시멘트 도로를 운전하다 보면 차가 덜컹덜컹할 때가 있는데 이는 도로에 포크 자국을 낸 것 같이 움푹 들어간 곳이 많기 때문이다. 이것들은 비가 많이 내릴 때 배수가 원활하게 되고 차에서 떨어지는 기름때들이 도로에 남지 않고 쉽게 빠져나가도록 하기 위한 장치들이다.

버스는 다이아몬드바 한남체인에 잠시 정치해 손님을 몇 명 더 태웠다. 다른 손님들은 음료나 간식 등을 구입하고 화장실도 사용했다. 잠시 후 버스는 본격적으로 모하비 사막 안으로 들어섰다.

✈ 사막이 있어 서부 여행은 더욱 즐겁다

사막의 바람이 거세다. 올 때마다 느끼는 거지만 사막의 황량한 풍경은 여행자의 마음을 비워준다. 사막에 들어서는 순간 조금 전까지 가슴을 짓누르던 문제들이 끝도 없이 펼쳐지는 사막에 비하면 아무것도 아닌 것처럼 느껴진다. LA에서 출발

광활한 모하비 사막이 있기에 미 서부 여행을 떠나는 동안 마음은 한결 가벼워진다.

하는 미 서부 대륙 여행이 다른 어떤 여행보다 더 기대되고 더 많이 생각나는 것도 이 모하비 사막을 통과하기 때문이다. 잠깐이지만 사막에서 비가 내렸다.

12시가 못 돼 바스토우 Barstow 시즐러 식당에 도착했다. 모하비 사막이 본격적으로 시작되는 곳에 위치한 바스토우는 서부 대륙을 여행하는 버스라면 한 번 이상 정차하는 곳이다. 바스토우가 별다른 볼거리가 없으면서도 철도 교통과 물류 교통의 요지가 되고 관광 산업의 요충지가 되는 이유다.

샐러드 뷔페로 점심을 해결한 뒤 라스베이거스로 출발했다. 바스토우에서 라스베이거스까지는 넉넉잡아 3시간 거리다.

1시 30분에 출발해 5시가 못 돼서 라스베이거스에 도착했다.

라스베이거스는 변화의 도시다. 항상 변화를 추구하고 있고 변해야만 존재할 가치가 있는 도시다.

이번에 본 라스베이거스는 2주전에 왔을 때와도 다르고 처음 라스베이거스에 왔던 6년 전의 모습은 아예 찾을 수 없다.

과거 미국에서 도박을 하려면 라스베이거스까지 가야 했지만 지금은 다른 도시에도 카지노장이 많이 들어서 있어 그럴 필요가 없어졌다. 정부는 원주민Native American(인디언) 보호를 이유로 원주민들을 의무적으로 고용할 것을 조건으로 카지노장 설립을 여기저기 허가했다. LA 주변에도 인디언 보호 구역을 중심으로 10개 가까운 카지노장이 성업 중이다. 그래서 라스베이거스는 다른 카지노장이 줄 수 없는 것들을 줄 수 있어야 손님들을 끌 수 있게 됐다. 라스베이거스가 늘 새로운 것을 시도하고 있고 볼거리를 제공하고 있는 이유이기도 하다.

✈ 세계 4대 명품호텔에서 묵을 수 있다는 기대감

이번 여행이 어느 때보다 기대되는 이유는 '세계 4대 명품 호텔'로 꼽히는 '벨라지오'에서 묵기 때문이다. '호텔 앞에 조성된 거대한 인공 호수에서 펼쳐지는 분수쇼'라고 하면 라스베이거스를 다녀간 여행객이라면 누구나 "아~ 그 호텔"하고 생각나는 곳이 바로 벨라지오다.

벨라지오는 객실 수만도 3,000개가 넘고 각종 부대시설이 화려하기 그지없다. 숙박료는 평일에도 300달러가 넘는다. 라스베이거스의 다른 4성급 호텔 숙박비가 200달러가 넘지 않는 점을 고려하면 상당히 비싼 편이다.

그래서 라스베이거스를 제 집 드나들 듯 하는 가이드들 가운데도 벨라지오 객실을 구경한 가이드가 많지 않다. 삼호관광 가이드들은 '뉴욕뉴욕'이나 이집트 피라미드를 본 떠 만든 '룩소'에서 묵는데 벨라지오 투숙 손님들에게 호텔 내부가 어떠했는지 물어보기도 한다.

✈ 화려함과 고상함의 조화 '벨라지오'

호텔 안으로 들어가면 맨 먼저 로비가 나온다. 벨라지오 로비는 늘 관광객으로 붐빈다. 분수쇼를 구경한 관광객들이 호텔 안으로 들어와 인공 정원을 관람하기 마련이다. 로비 맨 안쪽에 있는 인공 정원은 관광객들이 지루하지 않도록 봄, 여름, 가을, 겨울과 음력 설 등 1년에 5번 옷을 갈아입는다. 로비 왼쪽에 마련된 프런트 뒤편으로 열기구가 떠다니도록 설계돼 기다리는 손님들이 지루하지 않도록 하고 있다.

객실 안으로 들어가기 위해서는 로비 오른쪽으로 마련된 카지노장을 통과해야 한다. 호텔 안에는 객실로 연결되는 엘리베이터와 기념품 가게 및 식당들이 배치돼 있다. 워낙 구경하러 오는 손님들이 많아 엘리베이터 앞에서 방 열쇠를 확인하는 안전 요원이 배치돼 있다.

벨라지오는 전체가 36층이다. 1~3층이 카지노 층이고 객실

벨라지오 호텔 로비는 투숙객은 물론 관광객들로 늘 붐빈다.

벨라지오 호텔 객실은 침대 이불보에서도 고상함이 묻어난다.

은 4층부터다. 엘리베이터에서 내리면 복도는 세 갈래로 갈라진다. 각 방향으로 40여개의 방이 배치돼 있어 한 층에는 보통 100개가 넘는 방들이 있다. 필자가 투숙한 층은 객실이 1~126호까지 있었다. 방 번호는 한쪽은 짝수, 다른 쪽은 홀수로 해 찾기 쉽도록 했다.

객실 안에는 '럭셔리' 함이 느껴진다. 방이 큰 건 아니다. TV

장식장이 굉장히 비싸 보이고 침대 위 이불은 한눈에 봐도 고급 소재다. 침대 옆에 놓인 은색의 라디오 단말기 역시 이제까지 본 호텔 라디오들 가운데 가장 비싼 것으로 보였다.

화장실 세면대와 바닥은 모두 이태리 대리석이다. 김성희 대표의 말처럼 "대리석을 잘 아는 사람이 설계부터 참여해 물이 튀어도 촌스럽지 않는 고급스러움"을 유지하고 있다. 또 욕조 공간과 유리문이 있는 샤워장을 구분해 여성들이 좋아하도록 했다.

투숙객들의 수준도 꽤나 높아 보였다. 필자가 'LA다저스' 모자를 쓴 걸 보고 엘리베이터에서 만난 노신사가 "다저스 팬이냐"며 물었다. 그는 자신이 다저스 구단주와 친구라고 했는데 그의 말하는 모양을 봐서는 거짓말하는 것처럼 보이지 않았다.

또 호텔에는 '벨라지오'의 이름에 걸맞은 유명 레스토랑이 영업 중이다. 대부분 미리 예약하지 않으면 자리를 구하지 못할 정도로 인기다. '피카소'라는 레스토랑을 비롯해 벨라지오는 피카소의 진품을 여럿 소장하고 있다.

벨라지오 호텔 앞 인공 호수에서 15~30분 간격으로 펼쳐지는 분수쇼는 분수쇼의 최고봉이다. 요즘 표현으로 하면 '종결자' 쯤 된다. 한국인이 설계를 맡아 자부심을 높여주고 있는 벨라지오 분수쇼를 보고 나면 다른 분수쇼는 시시하게 보일 정도다.

일단 높이에서 타의 추종을 불허한다. 벨라지오 분수쇼는 물

에펠탑을 배경으로 한 분수쇼. 벨라지오 호텔 분수쇼는 호텔을 배경으로 한 것이 가장 유명하지만 에펠탑을 배경으로 할 때도 무척 아름답다.

이 올라가는 최고 높이가 140m로 건물 45층 높이까지 도달한다. 물이 이렇게까지 높이 올라가기 위해서는 수압만 갖고는 불가능하기 때문에 '워터 제트' Water Jet 라는 기계를 사용한다. 공연 도중에 '뻥, 뻥' 하는 소리가 들리는 것은 이 때문이다. 이런 이유로 분수쇼에는 돈이 많이 들어간다.

벨라지오 분수쇼는 예술성에서도 다른 분수쇼를 압도한다. 연인이라면 자연스럽게 손을 잡게 하고 사이가 좋지 않은 부부의 관계도 좋게 만드는 마력을 지니고 있다. 벨라지오 분수쇼는 호수 중앙에서 호텔을 배경으로 한 모습이 가장 유명하지만 에펠탑을 배경으로 한 모습도 무척 아름다운 것 같다.

이 에펠탑은 에펠탑의 절반 크기로 제작된 '파리스 라스베이거스 호텔'이다.

벨라지오 호텔에 묵게 되면 호수가 보이는 방을 배정받는 행운이 따라 올 수도 있다. 한 가지 아쉬운 점은 비용이 많이 들기 때문에 가끔 공연되지 않을 때도 있다는 사실이다. 특히 바람이 세게 불 때 공연을 중단하는 경우가 많다.

방 배정이 끝난 뒤 야경 투어가 있을 예정이었지만 시간이 넉넉하지 않아 다음날 하기로 했다. 일부 손님들은 '태양의 서커스단'이 윈호텔에서 '르 뢰브' 쇼를 관람하는 것으로 첫날 일정을 마무리했다. 〈1장 '라스베이거스 · 그랜드캐년 2박3일 참조〉

옵션 여행 꼭 해야 하나요?

결론부터 얘기하면 '그렇다'이다. 패키지가 됐든 자유 여행이 됐든 유명 관광지에 가게 되면 그 지역만의 특수한 관광 상품이 있게 마련인데 대부분 추가 비용이 들게 마련이다.

일반적으로 여행사들은 이런 특수 관광 상품의 가격은 상품 가격에 포함시키지 않아 여행자들의 부담을 줄여주고 있다. 하지만 그랜드캐년의 경비행기 관람이나 샌프란시스코의 유람선 관광 같은 옵션은 돈을 아끼기 위해 하지 않을 경우 '앙꼬 없는 진빵'을 먹거나 수박 겉핥기에 불과한 여행을 하게 마련이다. 옵션을 여행사에 강매하는 상품이라고 생각하지 말고 개인적으로 여행을 오더라도 꼭 해야 하는 관광의 일부라고 생각하면 된다.

Day2 둘째 날

둘째 날은 이번 여행의 하이라이트다. 한국에서야 캐년 하면 그랜드캐년을 떠올리지만 실제로 미 서부 대륙을 여행한 여행객 가운데 최고의 절경으로 브라이스캐년과 자이언 국립공원을 꼽는 사람들이 많다. 첫날밤을 벨라지오에서 기분 좋게 보낸 덕분에 브라이스캐년과 자이언캐년으로 향하는 발걸음이 가볍다.

✈ 라스베이거스가 가장 한산한 때 '새벽'

라스베이거스의 새벽은 청소의 시간이다. 거리에서 조깅을 즐기는 백인들을 볼 수 있는 건 미국 어느 도시와 크게 다를 바 없지만 카지노장이 새벽에 진공청소기로 카펫에 쌓인 먼지를 빨아들이고 재떨이를 치운다는 사실은 이번에 처음 알게 됐다. 24시간 손님들로 북적이고 쉼 없이 돌아갈 것만 같은 카지노장 기계들이 새벽에 청소한다는 사실이 어색하다.

그 와중에도 일부 도박꾼들은 새벽까지 딜러 앞에 앉아 패를 만지고 있다.

오전 6시 30분, '진생' 식당에서 콩나물 두부 해장국으로 아침을 해결한 뒤 브라이스캐년으로 출발했다. 유타 주 브라이스캐년까지는 버스로 5시간이다. 버스는 15번 고속도로를 타고 북쪽으로 달리기 시작했다. 도로는 일직선으로 뻗어 있지만 가끔 앞 뒤로 물결 모양의 경사진 곳이 나타난다. 비가 올 때 배수가 잘 되도록 하기 위한 설계다.

도심을 벗어나자 온통 사막이다. 사막인데 산이 많다. 공장들도 여럿 보였다. '대분지 국립공원' Great Basin National Park이라는 표지판을 보니 라스베이거스가 산들로 둘러싸여 있는 분지라는 사실을 문득 깨닫게 된다. 길 옆으로 불에 타는 것처럼 붉은 빛깔을 띤 '불의 계곡' Canyon of Fire과 후버댐을 세워 만든 인공 호수 '미드호' Lake Mead가 지나간다.

도로 위 표지판이 제한 속도가 시속 75마일(120km)임을 알려준다. 지금까지 미국에서 본 제한 속도 가운데 가장 높다. 이렇게 일직선으로 쭉쭉 뻗어 있는 도로에서는 80마일로 달려도 위험해 보이지 않는다. 온도계는 화씨 65도(섭씨 18도)를 가리키고 있다. 사막치고는 선선한 편이다.

네바다 주와 유타 주의 경계를 이루는 대협곡들은 비록 국립공원으로 지정되지는 않았지만 그 특이한 모습에 잠시도 눈을 뗄 수가 없다. 협곡 사이를 흐르는 강의 이름이 '동정녀 강' Virgin River이다. 푸른 빛깔의 동정녀 강 물살이 꽤나 세다.

아직 사람의 손이 닿지 않아 자연 그대로의 모습이 느껴지는 부분에서는 '동정녀'라는 이름에 공감이 간다. 하지만 거센 물살을 보노라면 처녀 치고는 꽤나 사나운 처녀라는 생각이 든다. 이 강이 오후에 여행하게 되는 자이언 국립공원을 가로지는 바로 그 강이라는 사실은 버스 안에서 잠을 자지 않고 바깥 풍경을 유심히 관찰한 여행자만이 알 수 있다.

✈ 깨끗하고 풍요로운 유타

30분가량 계속되는 협곡의 끝부분에서 드디어 유타 주가 나타났다. '유타' Utah라는 이름은 이 지역에 살던 '유트' 족에서 유래됐다고 한다. 미국에서 가장 풍요로운 주이면서 범죄 발생률이 가장 낮다는 생각 때문에 유타의 사막은 사막처럼 느껴지지 않는다. 곳곳에 보이는 잘 가꾸어진 소도시들 때문에 오아시스처럼 생각된다. 사막에 오아시스를 가꾸어 온 몰몬교도들의 성실함도 함께 느낄 수 있다.

유타 주에 들어서면 도로 표지판도 달라진다. 네바다 주는 도로를 알리는 번호판이 네바다 주의 모습을 하고 있지만 유타 주는 몰몬교의 상징인 '벌집 모양' Beehive으로 도로를 알리고 있다.

바깥 풍경도 다르다. 네바다 주보다 산이 높고 정상 부근에는 눈이 있다. 중간에 잠시 들린 휴게소의 바람도 무척 차가웠다. 표지판을 보니 동네 이름이 '눈밭' Snowfield이다.

그러고 보니 우리에게 유타 주 하면 2002년 솔트레이크(유타

네바다 주 도로 표지판과 달리 유타 주 도로 표지판은 몰몬교도들의 상징인 '벌집 모양'(Beehive)을 배경으로 하고 있다.

주 주도) 동계 올림픽이 생각난다. 김동성 선수가 미국의 안톤 오노에게 금메달을 빼앗긴 바로 그 대회다. 유타 주의 눈들은 만년설일 뿐 아니라 설질(雪質)이 좋아서 유타 주는 동계 스포츠를 즐기기에는 최적의 조건의 조건을 갖추고 있다고 한다.

✈ 불기둥처럼 솟아 있는 거대한 기둥들의 향연 '브라이스캐년'

브라이스캐년은 18세기 말~19세기 초 유럽인들에게 알려지기 시작했지만 본격적인 탐사가 이루어진 건 19세 후반 이후 몰몬교 신자들에 의해서였다. 그리고 이곳에 최초로 정착한 스코틀랜드 출신의 에버네저 브라이스 Ebenezer Bryce 가족의 이름을 따 현재의 지명을 갖게 됐다.

브라이스캐년으로 가는 길은 멀고도 험했다. 라스베이거스에서 브라이스캐년까지 가는 동안에도 여러 개의 캐년을 보게 되는데 하나같이 아름답고 신비로운 분위기를 연출한다. 이름도 제대로 알려지지 않은 캐년들이 저 정도면 브라이스캐년은 과연 어느 정도로 대단할까 하는 기대감이 계속해서 커져갔다.

15번 고속도로 북쪽 방향으로 한참을 달린 버스는 도로를 몇 개 갈아탔다. 그리고는 산속으로 진입했다. 표지판이 '딕시 국유림 구역' Dixie National Forest이라고 알려준다. 하늘로 쭉쭉 뻗은 소나무 모양의 침엽수림 구역이 한참 계속된다. 도로 양 옆으로 쌓인 눈들이 해발 고도가 상당히 높다는 사실을 말해준다.

라스베이거스를 떠난 지 5시간 만에 브라이스캐년에 도착했다. 브라이스캐년에는 수백 개의 바위기둥들이 하늘로 솟아 있다. '후두' Hoodoo라고 불리는 바위기둥 가운데 같은 모양을 한 것은 하나도 없다. 로마 시대 콜로세움 모양에서부터 낙타 봉우리까지, 자세히 보면 모든 기둥들이 무언가를 닮았다. 캄보디아의 앙코르와트 사원 같기도 하다. 다만 앙코르와트가 인공적으로 만든 거라면 브라이스캐년은 자연이 만들었다는 점이 다르다.

바위기둥들의 높이는 300미터는 족히 돼 보인다. 이런 거대한 바위기둥들을 만든 것은 9할이 바람과 물이다. 브라이스캐년의 기둥들은 6,500만년 동안 바람과 물에 의해 깎이고

브라이스캐년은 바람과 물에 의해 조각된 수백 개의 돌기둥들이 하나의 장관을 연출한다.

마모되면서 지금의 모습을 갖추게 됐다. 그래서 브라이스캐년은 지금도 그 모양이 변하고 있다고 한다. 다음에 브라이스캐년에 오면 그 모양이 달라져 있을지도 모를 일이다.

브라이스캐년이 다른 어떤 캐년보다 기억에 많이 남는 것은 걸어서 캐년 아래로 직접 내려가 볼 수 있기 때문이다. 그랜드캐년이나 자이언 국립공원도 걸어서 캐년 아래로 내려갈 수 있지만 그것은 어디까지나 개인 여행일 때나 가능한 일이다. 이렇게 패키지여행에서도 캐년 아래로 직접 걸어 내려가 가까이서 느껴볼 수 있는 것은 브라이스캐년에서나 가능한 일이다.

✈ 몰몬교도들의 성실함이 묻어나는 시골 식당

브라이스캐년을 빠져나와 89번과 9번 도로가 만나는 '마운트 카멜 정크션' Mount Carmel Junction 이라는 곳의 조그만 식당에서 점심을 먹었다. 몰몬교도가 운영하는 이 식당은 홀 가운데 뷔페식 샐러드 바가 있어 야채와 과일을 듬뿍 먹을 수 있다. 햄과 치즈가 들어간 샌드위치 등 음식 맛도 나쁘지 않다. 몰몬교도는 커피를 마시지 않는다는 선입관과 달리 이곳에서는 갓 내린 맛좋은 커피도 마실 수 있다.

이 식당은 종업원들의 성실한 서빙과 그들이 따라주는 따뜻한 커피, 그리고 미국 식당 특유의 아늑한 분위기 덕분에 두고두고 기억에 남는 곳이다. 테이블마다 '좋은 남편으로 사는 법' 등의 소책자들이 놓여 있다는 점도 인상적이다.

자이언 국립공원 Zion National Park 은 브라이스캐년과 그리 멀지 않는 곳에 있다. 버스는 '마운트 카멜 정크션'을 떠나 89번 도로에서 9번 도로로 갈아탔다. 9번 도로는 자이언 국립공원의 동쪽 입구를 통해 공원 안쪽으로 연결돼 공원 남쪽에 있는 방문자 센터로 이어진다.

자이언 국립공원을 동쪽에서부터 들어가면 바둑판 모양을 한 '체크무늬 바위'가 가장 먼저 눈에 들어온다. 수직으로 세워진 바위에 자를 대고 이리저리 줄을 그어놓은 것 같다. 체크무늬 바위 다음은 '빗살무늬 바위'다. 마치 신석기 시대에 사용하던 빗살무늬 토기처럼 바위 위에 사선들이 새겨져 있다. 공원 안으로 더 들어가니 양지버섯 바위, 두꺼비 바위 등이

'마운트 카멜 정크션'의 몰몬교도가 운영하는 식당에서는 그들의 성실한 생활태도를 직접 느낄 수 있다. 샐러드와 샌드위치 같은 음식맛도 제법이다.

나타났다.

어떤 바위는 깎아놓은 듯한 절벽 모양이다. 그런데 그런 절벽 위로 도로가 나 있다. 이런 도로를 지날 때면 아찔한 기분이 들곤 한다. 자이언 국립공원의 바위들은 대부분 붉은 빛깔을 띠고 있다. 철분을 잔뜩 함유하고 있는 까닭이다. 그래서 일조량에 따라 같은 바위도 다르게 보인다.

거대한 바위 숲들을 지나자 이번에는 바위산을 뚫고 만든 1.8km 길이의 'Good View Long Tunnel' 나타났다. '좋은 경관 긴 터널'이라는 뜻으로 이보다 이름을 더 잘 지을 수 없을 정도로 터널의 특성을 잘 설명하고 있다.

터널에는 환기를 위해 5개의 구멍이 나 있다. 버스를 타고 지나갈 때 밖이 잠깐 보이는데 밖은 천 길 낭떠러지 절벽이다.

자이언 국립공원은 거대한 바위 하나하나가 독특하며 전체적으로 신비로운 분위기를 연출한다.

짧은 순간이지만 동시에 '아~' 하는 탄성이 동시에 터져 나올 정도로 절경이다.

여유 있게 보고 싶지만 터널이 왕복 2차선이어서 차를 세울 순 없다. 아쉬움을 달래기 위해 터널을 빠져나오자마자 버스가 잠시 정차했다. 터널 안에서 본 구멍이 저 멀리 보였다.

이곳에서 잠깐 동안 사진 촬영 시간을 갖고 방문자 센터 Visitor Center로 이동했다. 방문자 센터에서는 아이맥스 영화 DVD 나 기념품을 살 수 있다. 패키지여행이 아닌 자유여행이라면 이곳에서 캐년 구석구석을 볼 수 있는 트레일 코스를 이용해도 좋다.

브라이스캐년이 수많은 돌기둥들이 한 데 모여 장관을 연출했다면 자이언 국립공원은 거대한 바위 그 자체가 하나하나의 예술품이다. 가이드가 개인적으로 가장 좋아하는 곳이자 올 때마다 기대를 충족시키는 곳이라고 했는데 과연 그런 기대를 충족시키기에 충분했다. 자이언 국립공원의 별명이 '신들의 안식처'이다. 충분히 신들이 와서 쉬었다 갈 만한 곳이다.

자이언 국립공원은 브라이스캐년과 달리 걸을 수 있는 기회는 많지 않았지만 캐년 한가운데를 버스로 가로지르기 때문에 어느 캐년보다도 강한 인상으로 기억 속에 자리하고 있다. 자이언 국립공원을 끝으로 유타 주 관광 일정이 마무리됐다.

✈ 무대가 수직으로 세워지는 'KA' 쇼

라스베이거스로 돌아온 뒤 야경 투어와 쇼 관람이 이어졌다. 〈1장 라스베이거스·그랜드캐년 2박3일 참조〉 라스베이거스는 이제 더 이상 도박 하나만 갖고 먹고 사는 도시가 아니다. 도박만으로는 관광객들을 불러 모으는 데 한계가 있다는 사실을 라스베이거스는 오래 전부터 파악했다.

라스베이거스는 그래서 쇼를 개발하기 시작했다. 도박 외에 볼거리를 제공하자는 것이다. 갬블러들은 단지 도박만 하기 위해 몇 시간씩 차를 몰고 사막을 가로질러 오지 않는다. 이들을 다시 운전대에 앉게 하고, 가족과 친구들과 함께 오도록 만드는 게 필요했다. 그래서 라스베이거스에는 수많은 쇼들이 생겨났다. 티켓 값이 100달러가 넘는 고가의 쇼는 물론 카지노 업체들이 손님을 끌기 위해 무료로 보여주는 쇼도 많다.

요즘 라스베이거스 쇼 마켓을 주름잡고 있는 건 '태양의 서커스' Cirque Du Soleil다. 캐나다 퀘벡 지역에서 10여명의 단원으로 시작된 조그만 서커스단이 이제는 세계 엔터테인먼트의 중심 라스베이거스 쇼 시장을 장악하고 있다.

한국에서도 최근 '바레카이' 공연을 선보이며 쇼의 개념을 바꿔놓은 태양의 서커스 공연을 라스베이거스에서는 원 없이 볼 수 있다. 삼호관광은 한인 관광업계로는 최초로 태양의 서커스와 계약을 맺고 손님들에게 '르 뢰브'와 'KA'(카) 쇼 관람 기회를 제공하고 있다.

KA 쇼는 '르 뢰브'와 함께 요즘 라스베이거스에서 가장 뜨고 있는 공연으로 쌍둥이 주인공이 미지의 세계로 모험을 떠난다는 내용이다. 'KA'는 '화'(火)의 일본식 발음이다. 공연 중에는 진짜 불과 불화살이 무대 위로 날아다니며 관객들이 긴장의 끈을 놓지 못하도록 만든다.

헤비급 권투 챔피언 마이크 타이슨이 홀리필드의 귀를 물어뜯은 권투 경기가 열렸던 곳 하면 친숙하게 다가오는 'MGM 그랜드호텔' 특설 링을 무대로 한 KA 쇼는 무대 제작과 작품 비용으로 엄청난 거액이 투입된다. 영어를 못해도 내용이 짐작 가능할 뿐 아니라 '쇼'라는 게 어디까지 발전할 수 있는지를 잘 보여주는 작품이다. 공연 도중 무대가 거의 수직으로

'KA'쇼 사진. '태양의 서커스'가 공연하는 KA쇼는 현대 공연 예술이 어디까지 발전할 수 있는지 잘 보여주는 작품이다.

세워질 뿐 아니라 무대가 공중으로 뜨거나 원형으로 돌기도 하는데 배우들이 떨어지지 않는 게 신기할 따름이다. 두뇌가 한창 발달하고 있는 청소년들이나 공연 분야 종사자들은 꼭 한번 볼 만하다.

공연장을 빠져나와 숙소로 이동할 때는 삼호관광 측에서 리무진 택시를 불러줬다. 공연이 끝나면 거의 11시여서 관광버스 기사가 내일 일정을 위해 휴식을 취하고 있기 때문에 여행사 측에서 택시를 부른 것이다. 그냥 택시가 아닌 리무진을 불렀다는 게 삼호관광 측의 손님에 대한 세심한 배려가 느껴진다. 운이 좋으면 호텔을 빠져나올 때 시합을 앞둔 이종격투기 선수나 유명 연예인을 만날 수 있다.

패키지여행의 옵션 관광 요금은 왜 비싼가요?

일반적으로 패키지여행을 통해서 이용하는 옵션 관광의 가격은 개인적으로 티켓을 구입할 때보다 10~20달러 비싼 편이다. 그렇다면 여행사들이 손님들에게 바가지를 씌우는 것일까. 그렇지 않다. 옵션 관광을 개인적으로 하게 되면 관광지까지 가는 교통 요금(일반적으로 택시)을 더해야 한다. 여행사들이 관광지까지의 교통을 제공하고 가이드들이 친절하게 안내해준다는 점을 고려하면 여행사들이 판매하는 상품 가격은 비싼 게 아니라고 할 수 있다.

가령 LA에서 유니버설 스튜디오를 개인적으로 갈 경우 티켓 가격은 70달러지만 택시를 타고 이동하는데 드는 비용 50달러를 추가로 부담해야 한다. 하지만 일반적으로 LA의 관광회사들은 유니버설 스튜디오 상품을 약 100달러에 판매하고 있다. 옵션 관광이 관광회사들의 주요 수입원인 것은 분명하지만 관광회사들이 결코 폭리를 취하고 있는 것은 아닌 것이다.

Day3 셋째 날

셋째 날은 그랜드캐년 Grand Canyon 관광이다. 그랜드캐년은 더 이상의 수식어가 필요 없는 곳이다. 그랜드캐년은 한국 관광객들이 가장 보고 싶어 하는 곳이지만 몇 번을 가도 설레고 기대되는 건 여기 사는 사람들도 마찬가지다.

일정은 오전 6시 진생 식당에서의 아침 식사로 시작됐다. 메뉴는 어제보다 업그레이드된 해장국이다. 식사가 끝난 뒤 곧바로 그랜드캐년으로 출발했다. 라스베이거스에서 그랜드캐년까지는 차로 5시간이다.

버스가 출발하자마자 손님들이 곧바로 부족한 수면 보충에 들어갔다. 서부 대륙 여행에서 버스가 중요하고 관광회사를 잘 선택해야 하는 이유가 바로 여기 있다. 버스 안에서 많은 시간을 보낼 뿐 아니라 심지어 침대(?) 역할도 하기 때문이다.

✈ 그랜드캐년은 가는 길도 멋있다

한 가지 잊지 말아야 할 것은 라스베이거스에서 그랜드캐년으로 가는 과정 역시 여행의 한 부분이라는 점이다. 끝없이 펼쳐지는 콜로라도 고원에 그랜드캐년이 있다는 사실이 알려진 건 그랜드캐년의 긴 역사에 비하면 극히 최근 일이다. 미국도 겨우 1919년이 되어서야 국립공원으로 지정할 정도로 그랜드캐년이 사람들의 방문을 허용한 건 불과 100년이 되지 않는다.

'20세기 최대 발명품' 인 자동차의 도움을 받아도 라스베이거스에서 5시간 이상 걸리는 그랜드캐년을 수천 년 전부터

그랜드캐년으로 가는 길의 카이밥 향나무 숲. 그랜드캐년을 둘러싸고 있는 콜로라도 고원을 감상하는 재미도 꽤 쏠쏠하다.

이곳에 살던 인디언들과 유럽인 탐험대에게 얼마나 신비하게 비쳤을 지 상상해 본다면 라스베이거스로 가는 길의 지루함이 조금은 덜어질지 모르겠다.

사막 가운데 도시 킹맨Kingman에서부터 시작되는 콜로라도 고원지대를 지날 때는 '코요테 고개, 해발 3737ft' Coyote Pass 3737 ft 등과 같은 표지판을 읽는 재미도 쏠쏠하다. 이 지역의 고도가 1,000미터가 넘는다는 사실도 흥미롭다.

✈ 빠뜨려서는 안 되는 경비행기 투어와 아이맥스 영화

그랜드캐년에 도착해서는 남쪽 가장 자리 South Rim의 매더 포인트 Mather Point에서 1시간가량 머물게 된다.

이번 여행에서는 아이맥스 영화를 관람했는데 6년 만에 다시 봐도 예전의 감동은 여전했다. 아이맥스 영화는 그랜드캐년에 살던 원주민들의 생활 모습에서부터 그랜드캐년이 미국인들에 알려지기까지의 과정이 자세히 소개돼 있다. 특히 남북전쟁 도중 한쪽 팔을 잃은 존 웨슬리 포웰 John Wesley Powell 소령이 그랜드캐년을 탐험하는 과정이 잘 묘사돼 있다.

지금이야 관광버스로 왔다가 캐년의 절경을 배경으로 쉽게 사진을 찍고 돌아갈 수 있지만 그렇게 되기까지 서부 개척민들이 얼마나 힘들게 고생하며 캐년을 탐험했는지 가슴 저미게 다가왔다.

아이맥스 영화도 좋지만 그랜드캐년을 더 잘 알기 위해서는 경비행기 투어에 참여하는 게 좋다. 그랜드캐년에 비행기가 착륙한 이래로 줄곧 계속되고 있는 경비행기 투어는 그랜드캐년을 가장 잘 볼 수 있는 관광 방법이다. 그랜드캐년에 관한 보다 자세한 정보는 '1장 라스베이거스·그랜드캐년 2박 3일'을 참조하기 바란다.

✈ 시골 읍내 같은 라플린

그랜드캐년 관광을 마치고 향하는 곳은 라플린Laughlin이다. 한국의 시골 읍내 같은 라플린은 LA에서 자동차로 5시간 거리여서 일부러 오기는 쉽지 않은 곳이다. 하지만 라플린을 한 번 찾은 이들은 이 도시가 주는 편안함에 푹 빠지게 된다.

라플린은 콜로라도 강 위에 놓인 다리를 기점으로 캘리포니아, 네바다 및 애리조나 등 3개 주의 경계를 이룬다. 콜로라도 강을 따라 오른쪽으로는 카지노 호텔들이 들어서 있고 왼쪽으로는 주거지역이 형성돼 있다. 호텔들이 지어진 지 수십 년씩 돼 세월의 흔적이 남아 있다. 전구로 장식된 네온사인들은 어젯밤에 본 라스베이거스의 올드타운과 비슷한 분위기를 연출한다.

삼호 손님이 들어가는 '해라스 호텔' Harrah's Hotel은 모두 3개 동으로 이루어져 있다. 여느 호텔과 마찬가지로 1층은 카지노장이다. 카지노장은 프론트를 중심으로 흡연 가능 구역과 그렇지 않은 구역으로 구분된다.

객실은 화려하지는 않지만 침대와 테이블, 소파 등은 아늑하고 푸근한 느낌을 주기에 충분하다.

라플린은 화려함에서는 라스베이거스의 그것에 미치지 못하지만 한국의 시골 마을에 온 것 같은 푸근함을 느끼기에 충분한 도시다.

객실 역시 담배를 피울 수 있는 방이 있고 그렇지 않은 방이 있다. 운이 좋으면 콜로라도 강을 바로 바라볼 수 있는 방을 배정받을 수 있다.(그래서 가이드 말을 잘 들어야 한다.)
직원들은 친절하다. 은퇴자들이 선호하는 도시답게 중장년 이상 노인 직원이 많다.
해라스 호텔은 카지노 옆 뷔페식당으로 유명하다. 제공되는 음식이 샐러드를 시작으로 멕시칸 음식과 고기는 물론 스시롤까지 다양해 배부를 때까지 실컷 먹을 수 있다.
라플린의 여느 호텔들과 마찬가지로 후문으로 나가면 콜로라도 강변이다. 콜로라도 고원에서 시작해 그랜드캐년을 가로질러 내려온 푸른 빛깔의 콜로라도 강을 바로 앞에서 볼 수 있다. 물은 생각보다 깨끗하다. 낚싯대를 드리우면 금방이라도 물고기가 걸려 올라 올 듯하다. 콜로라도 강은 밤이 되면 호텔의 네온사인 조명들과 어우러져 더욱 멋진 분위기를 연출한다. 강물 위로 불어오는 바람들이 여행의 피로를 말끔히 씻어준다. 바람에 흩날리는 야자수 잎들을 보고 있노라면 '댄 라플린이 꿈꾸던 낙원이 바로 이런 모습이 아닐까' 하는 생각이 들었다.

Day4 넷째 날

모래 언덕에서 불어오는 라플린의 아침 바람은 밤보다 강했다.

컨티넨탈식 뷔페로 아침 식사를 해결했다. 메뉴는 소시지와 베이컨, '스크램블 에그' Scrambled Egg(달걀을 풀어서 살짝 구워 으깬 것으로 달걀 조리법의 하나) 등으로 풍성하다.

8시 20분부터 버스에 타기 시작했는데 일부 관광객들이 다른 회사 버스에 탔다가 출발 직전에 내리는 모습은 패키지여행에서는 늘 반복되는 일이다.

이렇게 한차례 부산을 떤 뒤 버스는 콜로라도 강을 따라 난 도로 위로 라플린을 유유히 빠져 나갔다. 라플린 다운타운 밖에 강을 따라 형성된 주택단지가 한 폭의 그림이다. 누군가 "여기서 살고 싶다"고 말하는 소리가 들린다. 은퇴 뒤나 여유가 생길 때 오래 머물고 싶다는 생각이 간절하다.

✈ 살아 있는 사막, 모하비

버스로 칼리코Calico까지는 2시간 반이 소요된다. 라플린을 떠난 버스는 다시 모하비 사막으로 들어섰다. 사막의 모래 바람은 언제나 거세다. 도로 옆에 난 키 작은 풀들과 나무들이 바람에 의해 이리저리 움직임이 심하다. 마치 격렬하게 춤을 추는 것 같다.

버스가 바람과 부딪히면서 내는 '휙~휙' 하는 소리가 계속 들린다. 버스가 바람에 휘청거리자 호 기사가 핸들을 꼭 쥐는 게 보인다. 바람의 방향은 항상 일정하다. 기울어진 나무들은 모두 같은 쪽을 보고 있다.

모하비 사막은 살아 있다. 죽은 것처럼 보이는 모하비 사막은 다양한 용도로 활용되고 있다. 모하비 사막은 연 강수량이 250mm에 불과하지만 미국 경제에 중요한 역할을 하고 있다. 모하비 사막의 경제적 가치는 '사막을 파면 석유 아니면 물이 나온다'는 한마디로 요약할 수 있다.

모하비 사막에는 역설적이게도 농산물 연구소가 있고 '에드워드 공군기지'Edward Air Force Base도 있다. 모하비 사막은 비행기가 뜨고 내리는데 장애물이 전혀 없어 공군 기지로는 더 없이 좋은 천혜의 조건을 갖고 있다. 에드워드 공군기지는 영화 '인디펜던스데이'Independence Day(1996년)와 '헐크'의 촬영장으로 사용되기도 했다.

모하비 사막에는 화력발전소도 여러 개 있으며 최근에는 태양열에 대한 연구가 활발하게 진행되고 있다.

✈ 언제와도 이국적인 칼리코

11시가 조금 지나 칼리코Calico에 도착했다. 칼리코는 19세기 말 미국 서부 개척 시대의 모습을 그대로 볼 수 있도록 민속촌으로 개발된 곳이다. 은이 대량으로 발견돼 아주 잠깐 (1881~1890년대) 번영을 누렸지만 멕시코에서 값싼 은이 대량으로 유입되면서 4,000명이 넘던 인구는 점차 줄어들어 사람이 살지 않는 폐광촌이 됐다. 이후 월터 노트Walter Knott가 이곳을 개발해 샌버나디노 카운티 정부에 기증한 게 오늘에 이르렀다.

바람이 세게 불 때와 그렇지 않을 때의 칼리코는 전혀 달랐다. 바람이 불지 않으면 그런대로 사람이 살 만한 것 같지만 이번처럼 사막의 열기를 잔뜩 머금은 바람이 세게 부딪힐 때는 여기서 어떻게 사나 싶은 생각이 든다. 서부 영화에 등장하는 인물들의 얼굴이 언제나 시꺼멓게 때가 묻어있고 옷이 지저분한 이유를 알 수 있을 것 같다. 칼리코 가장 위쪽에 있는 전망대로 올라가는 길은 비포장에 돌쩌귀가 많아서 100년 전 은을 캐러 올라가던 광부들의 고생이 심했을 것이라는 생각이 들었다.

칼리코에서 바스토우까지는 15분이면 충분하다. 칼리코에서 바스토우를 가려면 '고개'Pass를 하나 넘어야 하는데 '먼지바람을 조심하시오' Gusty Winds Ahead라는 경고 표지판이 보인다. 모하비 사막을 만든 콜로라도 고원Colorado Plateau은 바다가 융기한 것으로 해발 고도가 높다. 거의 대부분 지역이 1,000

폐광된 은광촌 '캘리코'는 몇 번을 와도 서부시대의 분위기가 그대로 느껴진다.

피트(300미터) 이상이다. 굴곡이 심하고 고개가 많아 운전할 때는 바람을 조심해야 한다.

바스토우 시즐러에는 벌써 여러 대의 버스가 주차해 있다. 바스토우는 15번과 40번 고속도로가 만나는 교통의 요지인 까닭에 서부 대륙을 여행하는 버스들은 이곳에서 만나게 마련이다. 그래서 바스토우 시즐러는 언제 와도 관광 손님들로 북적인다.

✈ 여행 때 보기 좋은 영화 'RV'

바스토우에서 LA까지는 넉넉잡아 2시간 반이다. 남은 일정은 여유롭다. 이중목 가이드가 로빈 윌리엄스가 주연한 'RV'(한국어 제목은 '런어웨이 베이케이션', 2006년) 영화를 틀어 줬다. 이번에 여행한 유타 주가 등장해 더없이 흥겹다. 일에 치여 가정의 단란함을 잃어버린 중년 남자가 레저 차량RV을 빌려 여행하는 동안 가정의 행복을 회복한다는 내용이다.
관광회사나 RV를 빌려주는 회사들이 주제 영화로 삼을 만한 내용이다. '죽은 시인의 사회' '패치 애덤스' 등 로빈 윌리엄스의 영화는 사람의 마음을 넉넉하고 행복하게 해준다. 그리고 여행 중 보게 되는 좋은 영화 한편은 여행의 피로를 줄여주고 여정을 잘 마무리해준다는 사실을 이번 여행을 통해 알게 됐다.
버스는 돌아오는 길에 다이아몬드바 한남체인과 가든그로브, 세리토스 등을 경유한 뒤 오후 5시 쯤 LA 삼호관광 사무실에 도착했다.

주유소를 왜 '가스 스테이션(Gas Station)'이라 부르나요?

한국에서 미국에 처음 오는 패키지 여행객들이 이상하게 생각하는 것 가운데 하나가 주유소 문화다. 한국 역시 주유소가 '황금알을 낳는 거위'이지만 자동차의 천국인 미국 역시 마찬가지다. 그래서 미주 한인들 가운데 적지 않은 '알부자'들이 여러 개의 주유소를 소유하며 주위의 부러움을 사고 있다.

우선 주유소의 기름값을 읽는 법부터 알아보자. 미국에서는 자동차에 쓰이는 '가솔린'(Gasoline)을 줄여서 '가스'(Gas)라 부른다. 주유소를 '가스 스테이션'(Gas Station)이라고 하는 것도 이런 이유에서다.

그래서 미국에 처음 온 한인들 가운데는 미국 차들은 가스차가 많다고 생각하는데 전혀 그렇지 않다. 미국에는 디젤차는 있지만 한국처럼 LPG 가스를 사용하는 차는 거의 본 적이 없다.

또 미국의 주유소는 기름만 넣는 곳이 아니다. 밖에는 주유소지만 안에는 편의점으로 생각하면 딱 좋다. 미국 도로는 워낙 길고 별도의 휴게소가 없기 때문에 주유소가 휴게소 역할을 대신하고 있는 셈이다. 패키지 여행자들은 주유소에서 가스를 주유할 일이 거의 없겠지만 참고로 알아둔다면 주유소는 대부분 셀프 방식으로 돼 있고 신용카드나 데빗카드 또는 현금을 기계에 입력한 뒤 원하는 만큼 주유하면 된다. 직원에게 가득 채워달라고 할 때는 'Fill it Up'이라고 간단하게 얘기하면 된다.

PART 04

LA시내 1일 관광

– 'Movie Star Homes 버스 Tour'를 중심으로 –

스페인어로 '천사들', 한자로는 '나성(羅城)'으로 표기되는 이 도시는 아시아 태평양 지역에서 미국 대륙으로 들어오는 관문이자 미국에서 아·태지역으로 향하는 출발점이다. 가장 많은 한인들이 살고 있어 한국인들에게는 가장 익숙한 곳이기도 하다. 하지만 가장 소개하기 어려운 곳이 바로 이곳 LA다. 너무 많이 알아서일지도 모른다. 살고 있는 이에겐 그냥 삶의 터전이지만 이방인들에게는 더 없이 매력적인 관광 장소인 곳이 LA이기 때문이다.

하용철 상무(왼쪽)과 최원석 가이드

여행개요

- 일정 : 2011년 6월 11일(토)
- 가이드 : 하용철 상무, 최원석 가이드
- 차량 : 15인승 오픈 버스

기본 일정

LA 도착 후 시내 관광 또는 유니버설 스튜디오 투어 선택
→ LA 시내 1일 투어 출발!
→ 미국을 대표하는 고급 주택 유명한 '베벌리힐스'
→ 거리 자체가 브랜드로 가득 메워진 '로데오거리'
→ 영화 관련 시설과 엔터테인먼트로 활기 넘치는 '헐리우드'
→ 관광종료 후 차량이동 및 호텔 투숙

한마디로 요약한다면…

이건 정말 좋다
★ 볼 것 많은 LA의 대표적인 관광지를 짧은 시간에 일목요연하게 둘러볼 수 있다. ★ 오픈 버스 투어라는 색다른 경험을 할 수 있다. ★ 운이 좋으면 유명 인사를 직접 볼 수 있다.

그래도 이건 좀 아쉽다
★ 시간이 좀 아쉽다. ★ 미국인 가이드의 실력이 한인 가이드에 비해 좀 부족하다. ★ 유명인사의 집 겉모습만 볼 수 있다.

볼 것 많고 즐길 것 많은 '천사들의 도시' LA

20세기에 들어서기까지 캘리포니아 남서쪽의 이 작은 '마을' Pueblo을 주목하는 이는 거의 없었다. 북쪽을 지나는 기다란 산맥에 의해 고립됐으며 산업 발전에 필수적인 석탄과 철은 물론, 농사를 짓거나 심지어 마실 물조차도 구하기 어려웠다.

그러나 20세기에 들어서면서 이곳에서는 오렌지가 재배되기 시작했고 땅속에서는 '검은 황금' Black Gold 이라 불리는 석유가 발견됐다. 뉴욕에 있던 영화 제작사들은 이곳의 연중 맑고 화창한 날씨를 주목하다 터전을 옮겨오기 시작했고 이는 영화 제작 붐과 관광업이

80년 역사를 자랑하는 스타라인 투어버스는 다양한 노선과 스케줄로 LA시내 구석구석에 대한 관광 상품을 선보이고 있다.

발전하는 계기가 됐다.

또 고립된 이 지역을 샌프란시스코와 시카고, 뉴욕 등의 대도시로 이어주는 철도가 개통됐으며 '20세기 최대 발명품'인 자동차가 때마침 보급되기 시작했다. 남쪽으로 30km 떨어진 곳에는 항구가 건설되고 수백 킬로 떨어진 시에라네바다 산맥과 콜로라도 강에서는 물을 끌어오는 공사도 성공적으로 마무리됐다. 이후 이 지역이 샌프란시스코를 제치고 캘리포니아는 물론이고 미국을 대표하는 도시 지역 urban area 으로 발전하기 시작한 것은 당연한 귀결이었다. 바로 로스앤젤레스 Los Angeles 얘기다.

할리우드 산에서 내려다 본 LA 시내 전경. 19세기가 끝날 때까지만 해도 산으로 둘러싸여 고립되고 식수가 부족한 이곳이 세계 최대 도심지역으로 발전할 것이라고 예상한 이는 거의 없었다.

➤ 20세기 들어서기 전까지 아무도 주목하지 않던 LA

스페인어로 '천사들'. 한자로는 '나성'(羅城)으로 표기되는 이 도시는 아시아 태평양 지역에서 미국 대륙으로 들어오는 관문이자 미국에서 아·태지역으로 향하는 출발점이다. 가장 많은 한인들이 살고 있어 한국인들에게는 익숙한 곳이기도 하다. 이 책의 1~3장까지 다녀온 여행의 출발점이자 종착점도 사실은 LA였다.

하지만 가장 소개하기 어려운 곳이 바로 이곳 LA다. 너무 많이 알아서일지도 모른다. 살고 있는 이에겐 그냥 삶의 터전이지만 이방인들에게는 더 없이 매력적인 관광 장소인 곳이 LA이기 때문이다.

그냥 하는 빈말이 아니라 LA는 정말이지, 구석구석 볼 게 너무 많다. 10년 넘게 살고 있어도 처음 가보는 길이 수두룩하다. 그래서 하루 만에 이 도시를 다 돌아보겠다는, 혹은 '정복' 하겠다는 생각은 애당초하지 않는 게 좋다.

100년이 넘는 세월동안 전 세계에서 온 수많은 사람들에 의해 개발되고 가꾸어진 LA를 하루 만에 정복하겠다는 생각은, '앤젤리노' Angelino(LA시민들은 자신들을 이렇게 부른다)에 대한 예의 차원에서도 옳지 않다. 필자가 보기에는 미국 도착 첫날 잠깐 LA를 느끼고, 서부 대륙 투어가 끝나고 최소 일주일 이상 이곳에 머물면서 LA의 일상을 즐겨보는 것이 이 도시를 이해하는 가장 좋은 방법이라는 생각이다.

세계 대중 문화를 선도하는 LA에서는 수준높은 클래식 공연도 감상할 수 있다. LA를 대표하는 'LA오페라단'을 알리는 현수막. 왼쪽이 단장인 플라시도 도밍고이고 오른쪽은 제임스 콜론 음악감독이다.

🛪 서부 여행의 출발점이자 태평양으로 통하는 관문

일반적으로 패키지투어를 통해 미 서부 대륙을 여행하면 LA가 출발지가 되는 경우가 많다. 인천국제공항에서 저녁에 출발하면 같은 날 오전 LA국제공항LAX에 도착한다. 공항에서 기다리고 있는 가이드를 만난 뒤 '유니버설 스튜디오'를 방문하고 이어서 헐리우드와 베벌리힐스 등 주로 LA 다운타운을 중심으로 해서 북서쪽 지역을 둘러보는 것으로 LA관광은 마무리된다. 그리고 저녁 식사를 마친 뒤 호텔에 투숙하고 이튿날 아침부터 바스토우를 거쳐 라스베이거스와 그랜드캐년 등을 둘러보는 서부대륙 일주 여행이 시작되는 것이다.

그래서 고민 끝에 책의 원래 원칙에 충실하기로 했다. 여행사

가이드들이 안내하는 곳을 순서대로 소개하는 것이다. 게다가 삼호관광에서는 6월 현재 LA시내를 투어버스로 둘러보는 새로운 상품을 개발하고 있어 책이 나올 즈음이면 여행자들이 지붕이 탁 트인 15인승 버스를 타고 헐리우드 거리와 유명 영화배우들이 살고 있는 집, 그리고 로데오 드라이브 등을 직접 둘러볼 수 있을 것이다.

그 밖에도 LA에는 관광거리가 많지만 어차피 일정상 LA를 다 둘러볼 수 없을 뿐더러 패키지가 끝난 뒤 LA에 더 체류하면서 관광하려고 할 때는 LA를 자세히 소개한 수없이 많은 한국어 여행책자가 있기에 나머지는 그들에게 맡기기로 한다.

Go! 출발!

✈ LA여행의 출발 '헐리우드'

버스 투어의 출발은 '헐리우드대로' Hollywood Boulevard, 그 중에서도 랜드 마크 역할을 하는 코닥극장 뒤편의 스타라인 버스회사 주차장이다. 우리뿐 아니라 독일, 브라질, 중국 등 전 세계에서 단체로 온 여행객들이 가이드의 안내에 따라 코닥극장을 중심으로 헐리우드를 관광하는 모습이 인상적이다.

헐리우드는 하나의 도시다. LA에 포함돼 있는 것이 아니라 별도의 행정단위를 이루고 있다. 헐리우드는 또 ▲'그냥' 헐리우드 ▲북North 헐리우드 ▲서West 헐리우드 등으로 구분되는 꽤 큰 지역이다. 하지만 보통 우리가 '헐리우드'이라고 하면 '헐리우드대로'를 따라 형성된 관광 구역을 말한다.

헐리우드는 영화산업의 메카로 많이 인식되고 있지만 지금 헐리우드에서 영화 제작사나 영화 촬영 장면을 보는 것은 쉽지 않다. 메이지 제작시들이 대부분 헐리우드를 떠나 헐리우

헐리우드대로(Hollywood Boulevard) 전경.
헐리우드는 LA에 소속된 게 아니라 하나의 독립
된 행정 단위다. 그렇음에도 헐리우드는 수많은 볼
거리로 LA관광의 출발점이 되고 있다.

드 북쪽의 '스튜디오 시티' Studio City 나 '버뱅크' Burbank 등으로 옮겨갔기 때문이다. 지금의 헐리우드는 과거의 명성에 의존해서 살고 있는 것 같다.

그렇다고 헐리우드가 영화와의 인연을 완전히 끊은 건 아니다. 헐리우드는 과거의 영화(榮華)를 그대로 간직하고 있을 뿐 아니라 최근 10년 사이에 개발된 '헐리우드·바인Hollywood/Vine 쇼핑몰'이나 '헐리우드·하이랜드Hollywood/Highland 쇼핑몰'은 전 세계의 관광객들을 헐리우드로 끌어 모으는 역할을 톡톡히 하고 있다.

헐리우드·하이랜드 쇼핑몰에는 코닥극장이 자리하고 있어

해마다 한 번씩 전 세계인들의 시선을 끌고 있다. 바로 2월에 열리는 아카데미 영화제가 이곳에서 열리고 있기 때문이다. 3,500명을 수용하는 코닥극장은 전 세계적으로 유명한 가수들의 공연이 자주 열리는데 아시안 가수로는 몇 년 전 한국 가수 이문세가 처음 독창회를 가졌다. 필자는 그 후 남진, 박해미 등의 합동 공연 때 코닥극장에 와 본 적이 있는데 엄청난 규모에 놀랐던 기억이 난다.

버스 투어 회사 바로 앞의 '그라우만스 차이니즈 극장' Grauman's Chinese Theatre은 헐리우드 관광의 시작점으로 중국풍의 독특한 외관으로 관광객들의 시선을 끈다. 헐리우드의 전성기가 시작되던 1927년에 문을 연 이 극장은 새롭게 제작된 영화의 '월드 프리미어'(세계 초연)가 자주 열리는 곳으로 명성을 이어가고 있다. 참고로 LA의 웬만한 전통스러운 건물이나 고급 주택들은 대공황 이전에 많이 건립됐다. 19세기 서부 개척 시대를 끝내고 20세기에 들어선 미국이 당시 경제적으로 얼마나 부흥하고 있었는지 이런 건물들을 보면 실감할 수 있다.

만스 차이니즈 극장에서는 매일 유명 영화 캐릭터 모양을 한 사람들이 흥을 돋우면서 사진을 함께 찍어주곤 한다. 극장 앞 거리에는 '명성의 거리' Walk of Fame가 조성돼 200여 스타들의 핸드 프린팅이 설치돼 있기도 하다.

✈ 아카데미 영화제가 열렸던 '팬테이지 극장'과 웅장한 외관의 '엘캐피탄 극장'

헐리우드에는 이밖에도 유명 극장들이 여럿 있는데 첫 번째로 소개하고 싶은 곳은 '팬테이지 극장' Pantages Theatre이다. 지금의 헐리우드 중심가에서는 약간 떨어져 있는 이 극장은 아카데미 영화제 장소가 코닥 극장으로 옮겨지기 전까지 오랫동안 열렸던 장소로 유명한데 헐리우드의 전성기가 배경으로 등장하는 영화 '에비에이터'에도 등장한다. 필자는 수년 전 이곳에서 뮤지컬 '라이언 킹'을 감상한 적이 있는데 라이언 킹 제작진들의 기발한 동물 제작 방법뿐 아니라 아르데코 양식의 전통적이고 화려한 극장 내부 장식에도 강한 인상을 받은 기억이 선명하다.

'엘캐피탄 극장' El Capitan Theatre은 이름에서부터 웅장한 분위기를 풍긴다. 웅장한 외관과 화려한 내부 장식 덕분에 일찍이 '영화의 궁전'으로 불렸다. 디즈니 애니메이션의 신작 시사 회장으로 많이 사용된다.

엘캐피탄과 팬테이지 극장은 모두 코닥 극장에서 걸어서 갈 수 있는 거리로, 헐리우드 길을 따라 걸으며 극장을 중심으로 관광하는 것은 헐리우드의 현재는 물론 과거의 영화(榮華)를 더듬어보는 더 없이 좋은 방법이다.

✈ 오전에는 흐린 6월의 LA '준 글룸'

이번에 우리가 타는 버스는 매 30분마다 2시간 동안 LA의 유명 인사들이 살고 있거나 혹은 전에 살았던 집들을 중심으로 LA를 둘러보는 '무비 스타 홈 투어' Movie Star's Homes Tour다. LA에 살고 있는, 아니 집을 갖고 있는 유명 인사들의 집을 중심으로 투어가 진행되지만 LA의 주요 관광 코스를 포함한다는 장점이 있다.

투어를 떠나던 6월 11일은 '준 글룸' June Gloom이라고 해서 오전에 짙은 안개가 끼고 오후에 날씨가 개는 LA의 전형적인 6월의 날씨를 보였다. 이날은 특히 안개가 짙었는데 투어 도중에 빗방울이 떨어지기도 했다.

버스는 10시가 조금 지나 출발했다. 추운 날씨에 대비해 좌석마다 두꺼운 담요가 준비돼 있고 다리 쪽으로는 히터가 설치돼 있다. 자리마다 기사 겸 가이드의 설명을 들을 수 있는 헤드셋이 놓여 있었는데 가이드는 자신을 '대니' Danny라고 소개했다.

첫 번째 코스는 헐리우드에서 북쪽으로 서너 블록 떨어져 있는 유명 일식당인 '야마시로'(山城)와 '매직캐슬' Magic Castle. 야마시로는 상호처럼 헐리우드 산을 배경으로 전통 일본식 건물 모양을 하고 있는데 LA시내를 한 눈에 내려다볼 수 있어 연인들의 프러포즈 장소로도 이용되는 곳이다.

반면 매직캐슬은 중세 유럽의 성 모양을 하고 있는데 하나의 커다란 식당이자 공연장이다. 이곳에서는 거의 매시간 마술공연이 펼쳐진다. 수년전 이곳을 방문했을 때 흑인 마술가가 공연하는 그 모습이 몇 년이 지났는 데도 기억난다.

야마시로와 매직캐슬을 뒤로 하고 이제 본격적인 투어가 시작됐다. LA에 몇 년째 살고 있지만 헐리우드 북쪽으로 이런 고급 주택가가 있다는 사실을 이번에 처음 알게 됐다. 수염이 짙게 난 덩치 큰 대니가 쉬지 않고 얘기했다. 자세히 들어보니 손님들이 어디서 왔는지 파악 중이다. LA 한인타운에서 온 우리 일행을 제외하고는 모두 타주나 외국에서 온 순수 관광객이다.

✈ LA시내를 한눈에 볼 수 있는 '아웃포스트' 전망대

첫 번째 들린 곳은 헐리우드 사인이 가장 잘 보인다는 '아웃포스트' Outpost(전초기지라는 뜻) 전망대. 주정부가 지정하는 '산타모니카 산맥 보존 구역' Santa Monica Mountains Conservatory이기도 하다.

하지만 이날은 운이 없었는지 흐린 날씨 때문에 헐리우드 사인을 볼 수 없었다. 사실 헐리우드 사인은 LA 시내 어디서나 눈만 북쪽으로 돌리면 쉽게 볼 수 있으니 혹시 못 보게 되더라도 너무 아쉬워할 필요는 없다. 다만 필자는 글을 쓰기 위해 2주 뒤 이 전망대를 다시 들렀는데 확실히 101번 고속도로 건너편 산으로 헐리우드 사인이 선명하게 보였다.

더욱 인상적인 것은 전망대 남쪽으로 LA시내는 물론, 세계 최대 야외극장으로 1만8000명을 수용하는 '헐리우드볼' Hollywood Bowl 야외 공연장이 바로 보인다는 사실이다. 이날도 무슨 공연이 있는지 멀리서 음악 소리가 에코 현상을 내며 들

'아웃포스트' 길 끝에 있는 이 전망대는 LA 시내는 물론 헐리우드 사인이 가장 잘 보이는 곳 가운데 하나다.

렸다. 좌석은 절반가량 찼다. 헐리우드볼에서는 해마다 봄이 면 한인음악대축제가 열리는데 이곳에 갈 때마다 무대 뒤편 으로 보이는 산은 어떤 곳일까 궁금했었는데 이번에 그 궁금 증이 풀린 셈이다.

✈ "유명 인사들은 한 동네에 사는구나"

헐리우드 사인을 뒤로 하고 유명인사 집 탐방이 이어졌다. 주로 헐리우드 사인이 위치한 산을 올라가는 길 주변으로 유명 인사들의 집이 위치해 있는데 제니퍼 애니스톤, 제니퍼 로페즈, 탐 크루즈, 크리스티나 아길레라, 니콜라스 케이지, 데이

빗 베컴 등 스타들의 집이 차례로 지나갔다.

흑인 최초로 아카데미 여우주연상을 받으며 '흑진주'라는 별명을 갖고 있는 할리 베리는 여러 채의 집을 갖고 있는데 결혼을 하지 않은 그녀가 과연 누구와 살고 있는지 궁금해졌다. 성룡이나 리처드 기어, 마돈나, 프랑크 시나트라 등도 한 동네에 살다가 지금은 집을 팔았다고 한다. 지난해 죽은 마이클 잭슨과 엘비스 프레슬리 등 팝스타들도 이곳에 집을 갖고 있었다.

집 자체만 놓고 보면 LA 코리아타운 주변에 위치한 고급 주택가인 '행콕팍' Hancock Park 등과 비교해 더 좋다고는 할 순 없지만 헐리우드와 가까운 곳에 위치해 있어 유명 스타들이 더욱 선호하는 것 같다.

흥미로운, 아니 안타까운 사실은 이들이 적게는 수십억 원에서 비싸게는 100억 원이 넘는 이 저택들을 '메인 하우스'로 사용하는 게 아니라는 점이다. 가이드 설명에 따르면 대부분의 집 주인들은 멀리는 뉴욕, 가깝게는 1시간 거리의 말리부에서 주로 생활한다고 한다. 그래서인지 집 앞에는 차가 없는 경우가 많았고 사람이 살고 있다는 흔적이 잘 느껴지지 않았다.

맥도널드 아이스커피를 들이켜 가며 대니가 쉬지 않고 얘기했다. 아무리 직업이지만 도대체 어떻게 스타들의 집을 다 알고 있는지 궁금해 장난삼아 물어봤더니 대답이 가관이다.

"친구 중에 부동산 일을 하는 친구가 있다. 이 친구가 변동사항이 생기면 즉시 알려준다." 사실 여부를 확인할 길이 없지만 믿을 수밖에 없다.

솔직히 짧은 시간 동안 너무 많은 스타들의 집을 한꺼번에 본 탓에 어디가 정확히 누구네 집인지 기억이 나지 않지만 그래도 그네들이 살고 있는 집을 봤다는 것 자체가 의미가 있다. 스타들이 모두 한동네에 가까이 모여 산다는 게 인상적이다. 비슷한 직업을 갖고 있는 사람들이 근처에 모여 사는 게 편할 뿐더러 사생활을 보호받는 데도 유리하다는 생각이 든다.

✈ 헐리우드보다 더 볼 게 많은 '선셋대로'

우리를 태운 투어 버스는 주택가를 빠져나와 '선셋대로' Sunset Boulevard를 타기 시작했다. 필자가 미국에 살기 전까지는 이 길이 그렇게 유명한 지 미처 몰랐다. LA 서쪽에 있는 UCLA에서 이 길을 따라 시내로 들어오면서 참 아름다운 길이라고 느꼈는데 나중에 알고 보니 미국에서도 손꼽히는 유명한 길이었던 것이다.

선셋대로는 산의 능선을 따라 만들어 놓은 길로, 도시 전체가 한눈에 내려다보인다. 길에 들어선 높은 건물들만 없으면 산타모니카 앞바다가 충분히 보일 정도다. 여기서는 시시각각 변하는 경치와 대형 영화 광고판들이 이국적인 느낌을 갖게 한다. 분명 복잡하고 분주한 도로이건만 전혀 바빠 보이지 않는 것도 이 길만의 특징이다.

선셋대로에는 '웃음 공장' Laugh Factory과 같은 유명 스탠드업

'일몰'이라는 뜻의 '선셋'(Sunset) 대로는 산의 능선을 따라 길이 나 있어 태평양 저편으로 지는 태양의 일몰을 감상하기에 좋은 곳이다. '웃음공장'이라는 의미의 'Laugh Factory'.

코미디 공연장들과 유명 라이브 음악 장소들이 한데 몰려 있다. 조금 더 서쪽으로 가다보면 부티크와 레스토랑들이 줄지어 있는 선셋 플라자가 나타난다. 매일 밤 이곳 라이브 하우스에서 열정적인 무대가 펼쳐진다.

이번에 이곳을 지날 때는 '에어 서플라이'가 공연한다는 빌보드 광고판을 보게 됐는데 '과연 여기가 대중문화의 최고 중심인 LA구나' 하는 사실이 실감나게 다가왔다. 한국의 많은 30~40대 청장년들이 10대 시절 듣고 자랐던 팝의 본고장이 바로 이곳이었던 것이다.

그리고 진정 대중음악에 대한 관심이 있다면 꼭 들러야 할 곳이 '선셋 스트립' Sunset Strip이다. 뮤지션들이 많이 살고 있고 대형 매장부터 마니아들을 위한 소형 매장까지 음악 애호가들의 발길을 사로잡는 다양한 음반 매장이 자리하고 있다.

✈ 고급 주택의 대명사 '베벌리힐스'

선셋대로를 거쳐 버스는 부자동네의 상징인 '베벌리힐스' Beverly Hills로 들어섰다. 베벌리힐스는 특이한 곳이다. 지리적으로는 LA 한복판에 있으면서도 행정상으로는 별개의 '시' City로 독립해 있어 하나의 섬처럼 느껴지는 곳이다. 그런 점에서는 헐리우드와 비슷하지만 집들이 더 고급스럽고 도시적이라는 점은 헐리우드와 다른 면이다.

베벌리힐스는 또 시의 경계가 뚜렷한데 주요 진입 도로 입구에 '베벌리힐스'를 알리는 입간판이 세워져 있다. 베벌리힐스는 이런

> 미국에서 가장 주택가격이 비싸다고 하는 베벌리힐스(Beverly Hills). 하지만 집집마다 설치된 철제대문과 높은 담벼락 때문에 미국의 여느 동네와 분위기가 판이했다. '가진 게 많으면 염려할 것도 많아진다'는 성경 말씀이 생각나는 곳이다.

표시들을 경계로 도시 자체가 하나의 커다란 공원이라고 생각하면 된다.

확실히 이곳 집들은 LA 어느 곳과 비교해도 더 크게 보였고 도로는 넓었다. 집들은 하나하나가 호화스럽고 고급인데 도시 이름에서 나와 있듯이 '언덕' Hills을 끼고 있어 경사진 집들이 많다. 하지만 담이 설치돼 있고 문이 굳게 닫혀 있어서일까. 베벌리힐스의 집들은 필자에게 그다지 정감있게 다가오지 않았다.

코리아타운 인근 '행콕팍'의 주택들이 대문과 담이 없어 정겹게 느껴지는 것과 달리 이곳의 집들은 한결 같이 고립돼 있다는 느낌을 준다. 담이 높아 폐쇄적으로 느껴지는 것은 사생활 노출을 꺼리는 유명 인사들이 많이 살고 있기 때문인지도 모르겠다. 그리고 경사가 심해 불안해 보이기도 했다.

✈ 전 세계 유명 브랜드가 모두 모여 있는 '로데오 드라이브'

주택가 다음은 '세계 최고의 쇼핑 거리'로 불리는 '로데오 드라이브' Rodeo Drive 거리다. 이곳은 전 세계 유명 브랜드 매장이 모두 모여 있다는 곳이다. 거리 곳곳에서 관광객으로 보이는 사람들이 유명 매장 간판을 배경으로 사진을 찍느라 열심이다.

필자 역시 이곳을 여러 차례 방문했지만 실제 매장 안으로는

명품 가게들이 몰려 있는 '로데오 드라이브'. 실제로 물건을 사려는 사람들보다 아이쇼핑을 즐기는 관광객들이 더 많아 보였다.

선뜻 발이 떼어지지 않는 경우가 많았다. 언뜻 봐도 제품 가격이 비싸 보일 뿐더러, LA 외곽에 있는 아웃렛에서는 같은 브랜드의 제품을 3분의 1 가격으로 구입할 수 있다는 생각이 강하게 들어서이다.

여러 고급 브랜드 가운데서도 가장 기억에 남는 건 시계 브랜드 '롤렉스' Rolex다. LA에서 롤렉스 전문 매장은 이곳에서 유일하게 봤을 뿐 아니라 가격이 다른 데보다 훨씬 비쌌던 까닭이다.

하지만 로데오 드라이브를 방문한 관광객들이라면 한번 정도 이곳 식당가에서 멋진 식사를 즐겨볼 만하다. 미국 어디서나 음식 가격은 대체로 비슷하다. 부자 동네나 관광지라고 해서 특별히 음식 값이 비싼 경우는 거의 본 적이 없다. 만약 이곳에서 자유시간이 주어지거나 시간에 여유가 있다면 그 정도의 낭만은 누려볼 만하다.

우리가 탄 버스는 베벌리힐스 주택가를 거쳐 로데오 드라이브로 들어섰는데 로데오 드라이브의 끝은 영화 '프리티 우먼'에서 리처드 기어가 머물던 고급 호텔이다. 로데오 드라이브와 윌셔 블러버드가 만나는 교차로에 위치한 이 호텔은 딱 봐도 클래식한 게 고급스러워 보이는데 건물 높이가 그리 높지는 않지만 영국풍의 고급스러움이 묻어난다.

주인이 자주 바뀌어 이름은 기억하기 힘들지만 호텔 앞에 미국 성조기와 캐나다 국기가 나란히 걸려 있는 점은 변함이 없다. 이곳의 하루 숙박비는 거의 600달러로 필자가 알아본 호텔 가운데 가장 비싼 곳이었다.

이곳에 묵기가 부담스럽다면 1층에 마련된 바Bar나 카페에서 맥주나 커피 등을 마시면서 호텔 분위기에 젖어드는 것도 좋은 방법이다. 밤에는 근처에 사는 여유있는 젊은이들이나 비즈니스맨들이 모여서 한잔씩 하곤 하는데, 리처드 기어 같은 멋진 신사가 합석을 요구할 지도 모를 일이다.

✈ LA시내가 한눈에 들어오는 '머홀랜드 드라이브'

로데오 드라이브를 지나 버스는 '머홀랜드 드라이브' Muholland Drive로 들어섰다. 머홀랜드 드라이브는 태평양에서 시작해 헐리우드까지 이어지는 도로다. 산과 언덕을 따라 난 도로의 길이가 20km 이상 돼 한번 들어가면 빠져 나오는데 2시간 가량 소요된다. 하지만 이곳에서 내려다보는 LA시내의 경치가 아름답고 유명 인사들 가운데 상당수가 이 도로 근처에 보금자리를 마련하고 있어 한번쯤 구경해볼만하다. '머홀랜드 드라이브' 라는 영화도 제작돼 한국에서도 상영된 적이 있는데 이 도로가 곳곳에 등장한다.

참고로 머홀랜드는 20세기 초 LA 북쪽 시에라네바다 산맥의 눈 녹은 물을 LA로 끌어오는 대수로 공사를 성공적으로 감독한 윌리엄 머홀랜드William Muholland의 이름에서 따 왔다. LA에서 샌프란시스코를 향해 북쪽으로 1시간가량 가다보면 대수로 관과 끌어온 물을 보관하는 큰 저수지들을 여럿 만날 수 있다.

머홀랜드 드라이브를 빠져나온 버스는 101 고속도로를 타고 헐리우드볼을 지나 LA시내로 다시 들어온다. 기사는 마지막으로 영화 '프리티 우먼' 의 마지막 장면에 등장한, 리처드 기어가 검은 색 리무진을 타고 가 아파트 계단에서 줄리아 로버츠에게 프러포즈한 바로 그 아파트를 거쳐 다시 우리를 출발점으로 데려다 주었다. 영화에서 싸구려 아파트로 묘사된 그 곳은 실제로는 헐리우드대로와 '라스팔마스' Las Palms 거리가 만나는 곳에 있는 '라스팔마스' 호텔이었다. 방 가격은 하루 40달러로 저렴한 편이다.

유니버설 스튜디오에서는 영화 세트장은 물론 운이 좋으면 실제 영화 촬영 장면도 구경할 수 있다.

✈ 영화 세트장을 테마공원으로 개발한 '유니버설 스튜디오'

시내 관광이 끝나거나 혹은 시내 관광 이전에 '유니버설 스튜디오'Universal Studio나 '디즈니랜드' 그리고 샌디에고의 '시월드'Sea World 등을 둘러보게 된다. 이런 곳들은 워낙 유명한 데다 참고 자료가 풍부하기에 여기서는 한인들이 가장 많이 찾는 유니버설 스튜디오에 대해서만 간략하게 알아보자.

헐리우드의 바로 북쪽에 위치한 유니버설 스튜디오는 세계적으로 유명한 영화의 본고장 헐리우드에서만 느낄 수 있는 영화 스튜디오 겸 세트장을 주제로 한 테마 공원이다. 한국에서 오는 유명 정치인이나 문화인들이 LA에 오게 되면 디즈니랜드보다 유니버설 스튜디오를 주로 방문하고 LA 한인들의 상당수가 한국에서 손님이 오게 되면 유니버설 스튜디오를 데리고 가는 것만 봐도 이곳이 얼마나 유명한 곳인지 짐작할 수 있다.

스티븐 스필버그 감독의 '쥐라기공원'과 아놀드 슈왈츠제네거 주연의 인기영화 '터미네이터' 등의 세트장이 설치돼 있어 영화를 본 사람이라면 영화의 장면들이 생각날 것이고, 그렇지 않더라도 영화가 이런 촬영 과정을 거쳐 만들어지는구나 하고 느낄 수 있다.

유니버설 스튜디오는 2011년 들어서는 '킹콩 360 3D' 세트장을 적극 홍보하고 있다. '킹콩 360 3D'는 유니버설 스튜디오 실내외 세트장을 둘러보는 투어버스를 타며 체험할 수 있는 코스로 대형 건물 내부로 투어버스가 들어가면 관광객들은 특수 안경을 쓰고 360도 화면 속 입체영상으로 된 킹콩과 공룡의 사투 한 가운데 서게 된다. 주요 장면마다 투어버스 전체가 움직이고 물보라가 날려 유니버설 스튜디오의 특수효과를 실감할 수 있다.

이밖에 고대 로마시대, 서부 개척시대 세트장과 화재 이후 재건한 '메트로폴리탄' 도심 야외 세트장도 요즘 관심을 끄는 코스다. 심슨 라이드, 미라의 복수, 슈렉 4D 등 놀이기구는 평일에도 긴 줄이 늘어서 인기를 반영하고 있다.

유니버설 스튜디오는 또 한국인들의 편의를 위해 한인 가이드 서비스를 제공하고 한국어 안내 지도를 제작하는 등 프로그램을 강화했다. 사전 예약을 요청하면 다양한 시설과 테마 공원 투어 안내를 한국어로 받으며 즐길 수 있다. 한국어 가이드 안내 서비스를 받으려면 1주일 전 예약하면 된다. (818-622-3222, www.universalstudioshollywood.com)

✈ 한국 문화와 미국 문화가 공존하는 '코리아타운'

유니버설 스튜디오를 끝으로 LA시내 관광은 대충 마무리되고 저녁 식사 후 코리아타운에 위치한 호텔에 투숙하게 된다. 코리아타운은 한국을 제외한 외국에서 가장 많은 한국인이 몰려 사는 곳일 뿐 아니라 거대한 한인 상권을 형성하고 있어 꼭 한번 둘러볼 만한 곳이다.

처음 코리아타운에 오면 그 촌스러운 외관에 실망하게 되겠지만 한인들이 이곳에서 얼마나 주류 사회로부터 대접받고 있으며 LA시정부나 LA시민들이 코리아타운에 대해 어떻게 생각하는지 알게 된다면 코리아타운을 바라보는 시선도 달라질 것이다. LA관광청은 한글로 제작한 웹사이트에서 코리아타운을 다음과 같이 소개하고 있을 정도다.

"코리아타운을 방문하는 모든 관광객들은 코리아타운 전체에서 한국 문화와 미국 문화가 교차하고 있다는 느낌을 받을 것이다. 그리고 바로 이 점이 수년 동안 많은 관광객들과 유행을 선도하는 사람들 및 다양한 파티 주관자들이 코리아타운을 찾는 이유기도 하다. 코리아타운이야 말로 LA에서 가장 빠르게 부상하는 다문화 중심지, 그리고 관광객들이 가장 많이 찾는 관광 명소 가운데 하나라는 점에 이의를 제기하는 사람은 없을 것이다."

그리고 제임스 한James Hahn 전 LA시장은 코리아타운을 "LA에서 가장 역동적이며 경제 발전의 핵심 동력"이라고 말한 바 있다. 이 정도면 누구나 한번쯤 코리아타운을 방문할 이유가

LA관광청은 주요 관광 정보를 한글로 제작해서 한국인들의 LA관광을 돕고 있다.

충분할 것이다. 그리고 고향에 온 듯한 편안함으로 이국 문화에 지친 피로를 푸는 것은 물론 지난 수십 년 동안 코리아타운을 개척하느라 노력한 재미동포의 피와 땀을 한번쯤 생각하는 계기가 될 수도 있을 것이다.

LA 북쪽의 '그리피스 공원' Griffith Park도 빠뜨릴 수 없는 곳이다. LA시민들에게 서울의 남산이나 북한산 역할을 하는 그리피스 공원은 헐리우드 사인을 가장 가까이서 볼 수 있고 그리피스 천문대에서는 LA 시내 전경을 감상할 수 있다. 자세한 내용은 부록2를 참조하기 바란다.

미술을 좋아한다면 흔히 LACMA로 불리는 'LA카운티 박물관'이나 게티센터를 추천한다. 서퍼들로 가득한, 그리고 TV 드라마 '베이와치' Bay Watch에 나오는 캘리포니아의 멋진 해

안가가 보고 싶다면 샌타모니카 비치와 베니스 비치로 가면 된다.

끝으로 시중에 나와 있는 수많은 여행서들은 물론 한국어로 된 LA관광청 웹사이트(discoverlosangeles.com/kr)를 참고하면 LA관광을 한결 편하게 할 수 있다는 사실을 일러두고 싶다.

옐로스톤·그랜드티턴 국립공원 3박4일

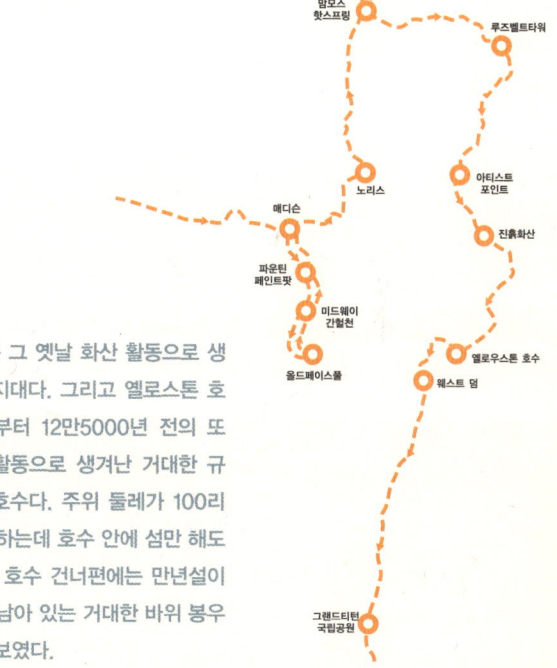

옐로스톤은 그 옛날 화산 활동으로 생겨난 고원지대다. 그리고 옐로스톤 호수는 지금부터 12만5000년 전의 또 다른 화산활동으로 생겨난 거대한 규모의 산정호수다. 주위 둘레가 100리나 된다고 하는데 호수 안에 섬만 해도 여러 개다. 호수 건너편에는 만년설이 녹지 않고 남아 있는 거대한 바위 봉우리가 여럿 보였다.

송호영 부장(오른쪽)과 어니스트 뮬러 기사. 여행에서 이들은 가이드와 기사로 만나게 되면 행운이 찾아왔다고 생각하면 된다.

여행개요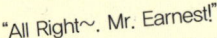

- 일정 : 2011년 7월 1일 ~ 2011년 7월 4일
- 가이드 : 송호영 부장
- 기사 : 어니스트 뮬러(Earnest Muller)
- 차량 : 58인승 대형 리무진 버스

"All Right~, Mr. Earnest!"
이번 여행의 가이드인 '송호영 부장' 하면 맨 먼저 이 말이 생각난다. 송 부장은 버스 안에서의 인원 점검이 끝나면 항상 이태리 성악가 저리 가라 할 정도의 아름다운 목소리로 "All Right~, Mr. Earnest!"를 외쳤다.

올해 겨우 '불혹(不惑)'의 나이지만 가이드 경력은 16년에 이르는 베테랑이다. 고등학생 때 미국으로 이민 온 뒤 대학을 졸업하고 곧바로 여행사에 취업했다고 했다. 동물이면 동물, 역사면 역사 그리고 경제까지 모르는 게 없어 과연 대학에서 뭘 전공했을까 하는 궁금증이 들 정도로 해박한 지식을 자랑했다. 거기에 연예인 뺨치는 예능 감각으로 손님들을 즐겁게 해주었다. 전문 지역은 캐나다 로키지만 이번 여행을 위해 캐나다에서 옐로스톤으로 날아왔다.

송 부장은 손님들에게 최적의 서비스를 제공했다. 어른이나 애기를 가진 부모들을 앞자리에 앉게 했고 젊은이들은 뒤쪽에 앉도록 한 뒤 관광 포인트의 특성에 따라 앞쪽이 먼저 내릴 지 뒤쪽이 먼저 내릴 지 적절히 조절했다. 호텔 방 배치에 있어서도 노인들이 입구에서 가까운 곳을 사용할 수 있도록 했다.

그는 또 버팔로나 뿔 없는 엘크는 1점, 뿔 있는 엘크는 2점, 그리즐리 곰은 10점 등으로 점수를 주는 게임으로 모든 관광객이 점수 놀이에 빠지게 했으며 단체 사진을 찍어주어 일회성으로 끝날 수 있는 단체 관광을 평생의 인연으로 남을 수 있도록 해 주었다. 여행을 자주 다닌다는 한 관광객은 "많은 가이드를 만나봤지만 송 부장이 가장 노련한 것 같다"고 말했다. 만약 캐나다 로키나 미 서부를 여행할 때 송 부장을 만나게 되면 행운이라고 생각하면 된다.

본인 말로는 올해 '70'이지만 실제로는 훨씬 더 되어 보이는 어니스트 뮬러는 삼호관광 소속은 아니지만 여행기간 내내 한국인 손님들이 편하게 관광할 수 있도록 최선을 다했다. 덕분에 처음에 느꼈던 불안감은 편안함으로 바뀔 수 있었다. 독일계 미국인인 그는 기사 경력 16년으로 이미 은퇴했지만 독립기념일 같은 연휴 때면 부족한 일손을 보충하고 (증)손자녀들에게 줄 용돈을 벌기 위해 운전대를 잡는다고 했다.

기본 일정

Day 1
LA 공항 또는 Long Beach 공항 카운터 집결 후 출발 → 솔트레이크 시 도착 후 중식 → 몰몬 템플 투어 → 라바 핫스프링 온천(옵션 20달러, 수영복 지참) → 포카텔로 도착 → 석식 및 호텔 투숙 (Red Lion Pocatello 호텔 또는 동급)

Day 2
조식 후 관광 출발 → '베어 월드' 투어(옵션 15달러) → '옐로스톤' 관광(지축을 울리며 뿜어 올라오는 신비의 간헐천, 발밑에서 끓고 있는 아름다운 열탕, 유황바위와 버팔로, 무스, 사슴들이 길을 막고 서있는 야생동물의 천국) → 올드 페이스풀, 미드웨이 간헐천 / 엑셀시어 간헐천 분화구 / '파운틴 페인트팟' / '퓨마롤' / 맘모스 핫스프링 등 → 식사 후 '가디너' 투숙(Yellowstone Village 또는 동급)

Day 3
'아티스트 포인트' → '진흙 화산' / '용의 입' / '유황 솥' → 옐로스톤 호수, 웨스트 덤 간헐천 지구 → '그랜드티턴 국립공원' → 스키의 천국 '잭슨홀' 시에서 중식 → 포카텔로 도착, 석식 후 호텔 체크인, 휴식(Red Lion Pocatello 또는 동급)

Day 4
조식 후 출발 → 구리광산 '빙험 캐년 광산' 관광(선택 15달러) → 크리스털 핫스프링스 소금 온천 (선택 20달러) → 솔트레이크 시 도착 후 중식 → 솔트레이크 공항 도착 후 출발 → LA공항 또는 롱비치 공항 도착 후 해산

한마디로 요약한다면...

이건 정말 좋다
★ 세계 최초이자 국립공원인 옐로스톤 국립공원을 제대로 감상할 수 있다. ★ '그랜드티턴' (Grand Teton) 국립공원도 동시에 관광한다. ★ 로키 산맥을 볼 수 있다. ★ 캘리포니아, 유타, 아이다호, 와이오밍, 몬태나 등 5개의 주를 여행한다. ★ 관광 포인트가 집중돼 있어 이동 거리가 많지 않다. ★ 항공 이동으로 피로감이 덜하다. ★ 정통 미국식 식사를 즐길 수 있다. ★ 서부 개척 시대의 흔적을 볼 수 있다.

그래도 이건 좀 아쉽다
★ 비용이 약간 비싸다.(599달러) ★ 볼 게 너무 많아 일정이 짧게 느껴진다. 좀 더 머물고 싶다는 생각이 든다.

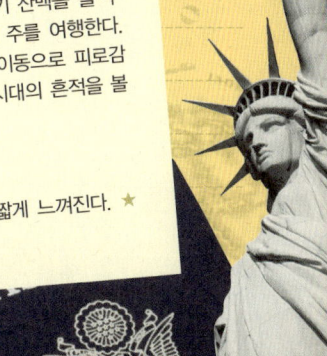

지구상의 가장 이색적인 광경, 세계 최초 국립공원

사실 처음엔 좀 그랬다. 이미 다녀온 여행 코스만으로 책 분량이 충분한 데다, 애초 책의 집필 방향이 '미 서부를 간다'였기에 굳이 중서부 와이오밍 주에 위치한 '옐로스톤 국립공원 Yellowstone National Park까지 내용에 포함시킬 필요가 있을까 하고 말이다.

하지만 옐로스톤이 포함되지 않으면 책을 내는 의미가 없다는 게 삼호관광 신성균 대표의 판단이었고 옐로스톤을 포함시키기로 했다. 세계 최초의 국립공원이자 대자연의 보고인 옐로스톤을 보지 않고 미국을 봤다고 할 수 없다는 게 신 대표의 생각이었다. 그래서 책 집필 막바지에 옐로스톤 투어가 확정됐고 다른 어느 투어보다 어렵게 여행 일정을 잡을 수 있었다.

옐로스톤의 '올드 페이스풀' 간헐천. 90분 간격으로 분출하는 올드 페이스풀은 땅속에서 자연 활동이 이뤄지고 있다는 증거다.

신 대표의 판단이 옳았다는 사실을 깨닫는 데는 그리 오랜 시간이 걸리지 않았다. 옐로스톤은 어느 여행지보다 인상적이었으며 코스 자체가 알차게 구성돼 있었다.

▶ 가장 알찬, 그래서 꼭 봐야 하는 옐로스톤

'옐로스톤' Yellowstone 은 '노란 바위'라는 뜻이다. 물론 옐로스톤에 가면 노란 빛깔을 지닌 거대한 바위들을 많이 볼 수 있다. 하지만 옐로스톤은 노란 바위보다는 거대한 화산 지대로 설명하는 게 낫다. 옐로스톤은 면적이 220만 에이커(약 8,900km²)로, 뜨거운 용암이 지표 아래를 흐르며 혹은 온천으로 또는 거대한 간헐천 Geyser 의 형태로 표현되는 곳이다. 지구상에 가장 기이한 광경, 땅 속도 살아 있다는 증거를 눈으로 직접 확인할 수 있는 곳이 바로 옐로스톤이다.

그래서 여행을 많이 다니는 관광회사 사장님들에게 미국 국립공원 가운데 '죽기 전에 가봐야 하는 딱 한군데만 추천하라'고 하면 십중팔구는 옐로스톤이라고 대답한다.

아직 옐로스톤은 그랜드캐년이나 라스베이거스만큼 많은 한국인들이 찾는 곳은 아니다. 이름도 그리 익숙하지 않다. 그렇지만 옐로스톤은 향후 수년 내에 한국인 관광객들의 증가 속도가 가장 빠른 여행지가 될 것이라는 게 전문가들의 공통된 의견이다. 미국은 물론 전 세계에서 가장 이색적이고, 직접 눈으로 보지 않으면 좀처럼 이해가 되지 않는 곳이 옐로스톤이기 때문이다.

거기에 서부 영화의 백미인 '셰인' Shane(1950)의 촬영지이자 미국 로키 산맥에서 가장 아름다운 풍경을 자랑하는 '그랜드 티턴 국립공원' Grand Teton National Park을 여행한다는 것은 '옐로스톤 3박4일'이 가져다 준 기대치 못한 선물이었다. 스위스 알프스를 연상시키는 그랜드티턴 국립공원만 해도 미국 어디에서도 볼 수 없는 절경이다. 한인 여행사들이 왜 상품 이름에 그랜드티턴을 넣지 않는지 이해되지 않을 정도다.

Day1 첫째 날

3박4일 일정의 옐로스톤 관광은 첫날과 마지막 날은 주로 이동에 사용되고 본격적인 관광은 여행 이튿날과 사흘째에 집중돼 있다. 그렇다고 첫날과 마지막 날에 관광이 전혀 없다는 말은 아니다. 용암 온천이나 구리 광산 관광 그리고 몰몬교 템플 방문 등 놓치면 아까운 관광 일정이 잡혀 있다.

여행은 대개는 첫날 새벽 공항 미팅부터 시작된다. 다만 필자는 이번 여행에서 다른 일정 때문에 저녁 8시 롱비치 공항에서 출발하는 '젯블루' 비행기를 타고 개별적으로 일행과 합류했다.

롱비치 공항은 지어진 지 오래된, 한국의 시골 시외버스 터미널 같았다. 아직도 이런 공항이 있나 싶어 기록을 찾아보니 1920년대에 지어져 역사가 100년 가까이 됐다. 구조도 단순해 주차 건물에 차를 대고 길을 건너면 곧바로 발권 구역이다. 건물 밖으로 나와 조그만 입구로 들어가면 바로 탑승구

100년 가까운 역사를 자랑하는 롱비치 공항은 시골 터미널같은 공항이다.

다. 전체적으로 푸른 빛깔 공항으로 여행자들의 마음을 편하게 해주는 매력을 갖고 있다.

사우스웨스트 항공과 함께 저가항공사의 대표 격인 '젯블루'는 서비스가 좋았다. 좌석과 좌석 사이 간격이 넓어 다리를 길게 뻗을 수 있었고 미식축구 선수 같은 거구가 옆자리에 앉았음에도 별다른 불편을 느낄 수 없었다. 남자 승무원들의 자연스러운 서비스가 편하게 느껴졌으며 음료와 쿠키는 무료였다. 하지만 맥주 등 알코올음료는 5~7달러를 내야 했고 좌석마다 설치된 VOD를 감상하기 위해서는 2달러를 내고 헤드셋을 빌려야 했다.

✈ 비행기 타고 솔트레이크 시로 이동

솔트레이크Salt Lake 시는 전 세계 1,200만 몰몬교(예수그리스도 말일성도교회, LDS) 신자들의 총본산이다. 2002년 동계올림픽이 열려 우리에게도 익숙하다.

솔트레이크 시는 미국에서 가장 깨끗하고 안전한 곳 가운데 하나다. 공항 역시 쾌적하고 깨끗하다. 독립기념일 연휴가 시작되는 날이어서 그런지 밤 11시가 넘었는데 공항 안에는 사람들로 북적였다.

숙소가 있는 '포카텔로' Pocatello까지는 230km, 차로 3시간 거리다. 포카텔로까지의 운전은 솔트레이크에 있는 한식당인 '고려정'의 롭Rob이 수고했다.

솔트레이크 시 공항을 빠져 나오니 오른쪽으로 시내 모

세계 최대 구리 광산과 용암온천

첫날 여행에 참가하지 못해 빠진 관광지가 있는데 바로 '구리광산' 과 '라바 핫스프링스'(Lava Hot Springs)이다.

솔트레이크 시에서 서남쪽 25마일 지점에 있는 구리 광산은 지구상에서 '인간이 만든 가장 큰 구멍'이다. '빙햄 캐년 광산'(Bingham Canyon Mine)으로, 만리장성과 함께 우주에서도 관찰할 수 있는 인공 구조물이다. 꼬불꼬불한 산길을 따라 2000m 고지까지 오르면 깊이가 1600m에 이르는 거대한 노천 구리광산이 눈에 들어온다. 1905년 노천 채굴이 시작돼 50억 톤의 원광석을 채굴했으며 현재도 상당량의 광석을 채굴하고 있다. 전망대에 오르면 한꺼번에 무려 340톤을 실을 수 있는 세계에서 가장 큰 트럭이 보인다. 타이어 크기도 엄청나 어른 10명이 한꺼번에 가려도 가려지지 않을 정도다.

솔트레이크 시에서 북쪽으로 2시간 정도 달리면 나오는 라바 핫스프링스는 천연 용암온천이다. 100년이 넘는 최고 수질의 온천으로 피부병과 허리 통증에 효능이 있다고 한다. 온천관광은 옐로스톤 투어에서만 즐길 수 있는 특별한 경험이기 때문에 가급적 빠뜨리지 않는 게 좋다.

습이 보였다. 롭과 이런저런 얘기, 특히 미국과 한반도를 주제로 얘기하면서 숙소인 포카텔로의 레드 라이온 호텔에 도착하니 새벽 2시가 됐다. 호텔 직원으로부터 방 키를 건네받고는 서둘러 방으로 올라갔다. 옷을 대충 갈아 입고 피로가 가시기를 바라면서 서둘러 침대에 몸을 파묻었다.

옐로스톤 이모저모

옐로스톤은 1872년 연방의회의 승인으로 제18대 그랜트 대통령이 지정한 세계 최초, 미국 최대의 국립공원이다. 이후 탄생하는 세계 모든 국립공원의 틀을 만들어 준 옐로스톤은 아이다호와 몬태나, 와이오밍 등 3개주에 걸친 220만 에이커(약 8,900km²)의 광활한 땅에 공원이 세워져 있다. 공원 안에는 옐로스톤 강과 '화이어홀' Firehole 강을 비롯해 여러 개의 강과 지류들이 흐르고 있으며 1만 개가 넘는 온천과 300개 이상의 간헐천이 흐르고 있다.

옐로스톤은 110만 년 전과 64만 년 전, 그리고 가장 최근에는 7만 년 전에 발생한 화산폭발로 만들어진 거대한 용암 지역이다. 용암으로 뜨거워진 지하수가 표면으로 넘쳐흐르면서 특이한 지형을 이루고 있으며 분출된 유황 온천수가 바위들을 노랗게 만들면서 옐로스톤이란 이름도 붙여지게 됐다.

국립공원 지정과 함께 자연스럽게 동물들의 보호지역으로 변하게 됐으며 사슴, 무스, 흑곰과 회색곰, 늑대, 들소, 산양은 물론이고 500kg이나 나가는 버팔로들이 떼 지어 한가롭게 풀을 뜯는 동물들의 천국으로도 유명하다.

1000km가 넘는 하이킹 트레일이 조성되어 있으며 계곡과 강에는 송어를 낚는 강태공들의 모습도 쉽게 볼 수 있다. 지난 1988년 발생한 대화재 때는 공원 전체 면적의 36%인 약 80만 에이커가 불에 타기도 했다. 지금도 그 때 화재의 흔적이 공원 곳곳에 남아 있다. 옐로스톤은 1년 내내 오픈하지만 눈이 오는 10월부터는 일부 도로가 차단되는 등 관광이 힘들기 때문에 여름에 방문하는 게 좋다. 삼호관광은 5~9월 말까지 관광 패키지를 내놓고 있다.

Day2 둘째 날

포카텔로의 아침 공기는 상쾌했다. 새벽에 내린 이슬비는 포카텔로 주변의 아침 공기에 적당한 습기를 공급해주었고 폐 속으로 들어온 공기는 전날의 피로를 씻어주기에 충분했다.
스크램블과 토스트, 과일 주스로 아침을 해결했다. 오전 7시 20분, 첫 번째 목적지인 베어월드를 향해 출발했다. 포카텔로에서 '베어월드' Bear World까지는 차로 1시간 거리다. 15번 고속도로를 타고 북쪽으로 올라가다 20번 주도로 갈아타면 곧바로 '곰들의 세상' 이다.
인구 130만 명의 '아이다호' Idaho 주는 이름에서 풍기는 인상 자체가 '컨트리' 하다. 이번 여행에서 만나게 되는 아이다호, 와이오밍, 몬태나 등은 대체로 미 대륙 중서부를 세로로 가로지르는 로키 산맥 줄기에 자리해 주로 목축이나 농업에 의존하는 주들이다.
베어월드로 가는 길에서 본 아이다호 주는 건초Hay 농사를 많이 짓고 있었다. 개간된 농지에는 수십 미터 길이의 스프링 클러가 연신 물보라를 뿜어대고 있었다. 스프링클러들은 센서에 의해 자동으로 움직이는데 주로 원을 그린다. 비행기를 타고 미 대륙을 지나다 보면 푸른 초원에 커다란 원이 형성된 것을 볼 수 있는데 바로 스프링클러가 지나간 자리다.

✈ 옐로스톤의 전채요리 같은 곳 '베어 월드'

베어월드는 옐로스톤이라는 거대한 야생의 세계로 들어가기 전의 '전채 요리' Appetizer 같은 코스다. 옐로스톤은 그리즐리 베어, 들소, 엘크 Elk 같은 야생 동물의 천국인데 본격적인 야생의 세계에 들어가기 전 사육하는 동물들을 미리 맛보는 곳 정도다.

베어월드에서는 버스를 타고 동물 농장을 한 바퀴 둘러본 다음 버스에서 내려 체험 공간 Patting Zone에서 아기 곰과 공작, 사슴 등을 가까이 보는 방식으로 관광이 진행됐다.

버스에는 농장 직원들이 한명씩 타서 농장과 동물들의 특성에 대해 설명해줬다. 우리 버스에는 젊은 여대생이 탔는데 방학을 이용해 아르바이트를 하고 있다고 했다. 경험이 많지 않아서인지 긴장한 표정이 역력했지만 동물의 습성이나 특징 등에 대해 상세하게 설명하는 모습에서 열심히 공부한 표시가 났다.

'그리즐리 곰' Grizzly Bear과 '흑곰' Black Bear의 차이는 색깔이 아니라는 게 기억해 둘만하다. 보통 그리즐리 베어가 덩치가

베어월드에서는 아기곰들이 싸우는 것을 바로 코앞에서 볼 수 있다.

더 크고 근육도 많이 발달돼 있다. 그리즐리 곰의 등에 난 혹도 사실은 근육이 발달돼서 생기는 것이라고 했다. 또 곰들은 고기도 먹지만 채소도 먹는 잡식성이라는 점과 달릴 때 최고 속도가 시속 60km나 된다는 사실도 놀라웠다. 새끼를 낳으면 4년 동안 교육을 시킨다는 점도 이번에 처음 알았다.

버스가 좁은 도로를 따라가다 보면 곰들이 차 앞을 가로 막기도 했다. '혹시 차 유리를 부수기라도 하면 어떻게 하나' 걱정도 됐지만 아무리 곰이라도 대형 버스는 어쩔 수 없겠지 생각하니 안심이 됐다. 갓 태어난 새끼곰Cub들이 다투는 모습을 옆에서 볼 수 있는 건 베어월드에서만 경험할 수 있는 특별한 매력이다.

✈ 옐로스톤 관광의 새로운 메카로 뜨고 있는 '웨스트 옐로스톤'

베어월드를 빠져나온 버스는 옐로스톤의 서쪽 입구인 '웨스트 옐로스톤' West Yellowstone을 향한다. 웨스트 옐로스톤은 요즘 새롭게 개발되는 지역으로 과거 옐로스톤 국립공원의 출발이 공원 북쪽의 '가디너' Gardiner였다면 요즘은 이곳이 더 주목받고 있다.

아이맥스 영화 극장도 이곳에 있고 로키산맥에서 자라는 세코이아 나무들로 새로 지은, 제법 규모가 큰 목조 건물들이 꽤 많다. 마치 타임머신을 타고 서부 개척시대로 돌아온 느낌이다. 심지어 아이맥스 극장 앞에 있는 맥도널드 햄버거 가게

'웨스트 옐로스톤'은 옐로스톤 관광의 새로운 메카로 뜨고 있는 곳이다. 서부 개척시대를 연상시키는 이곳은 맥도널드도 짙은 갈색의 캐빈 형태로 돼 있다.

도 목조 캐빈 형태를 하고 있다.

아이맥스 영화를 보고 난 뒤 웨스트 옐로스톤을 통해 공원 안으로 들어섰다. 옐로스톤 국립공원은 '8'자 모양의 거대한 눈사람을 생각하면 이해가 쉽다. 옐로스톤은 곳곳에 볼거리가 많지만 대표적인 포인트들은 눈사람의 머리 꼭대기, 몸통 아랫부분 그리고 머리와 몸통이 만나는 지점에 집중돼 있다. 그래서 이 공원을 처음 감독하던 노리스라는 사람은 주요 포인트를 따라 관광 루트를 개발했고 도로를 닦아 놓았다. 8자 모양의 이 도로를 고속도로라 생각하고 쉬지 않고 달리면 2시간이면 충분하지만 왕복 2차선에다 꾸불꾸불해서 시속 40km 이상으로 달리기 쉽지 않다.

✈ 영화 '흐르는 강물처럼'의 낚시 장면이 생각나는 '화이어홀 리버'

공원 안으로 들어서니 곳곳에서 1988년 대화재의 흔적들을 볼 수 있었다. 불에 타 죽은 나무들은 삼투압 원리에 의해 땅속 석회질을 흡수해 회색의 규화목(硅化木)들이 돼 있었고 그 주변에는 수령 20년 남짓한 새로운 나무들이 자라고 있었다. 화재 이후 나무의 양이 5배 가량 많아졌다는 게 지금까지의 연구 결과인데, 산불도 대자연이 움직이는 원리 가운데 하나라는 사실을 입증해 주고 있다.

버스는 눈사람의 머리와 몸통이 만나는 '메디슨Madison 삼거리에서 오른쪽으로 방향을 꺾어 남쪽으로 내려가기 시작했

> 옐로스톤을 가로지르는 '파이어홀 리버'는 영화 '흐르는 강물처럼'에 등장하는 플라이 낚시로 유명하다.

다. 길 오른쪽으로 중랑천 정도 되는 폭의 강이 나타났다. '불구멍 강'이라는 뜻의 '파이어홀 리버' Firehole River다. 밑에 흐르는 용암 때문에 물이 뜨거워서 붙여진 이름임이 분명하다. 물빛이, 검은색 섞인 파란 빛깔이다. 물속에 살고 있는 박테리아 때문이란다.

파이어홀 리버를 보니 브래드 피트가 회색 낚시복을 입고 플라잉 낚시를 하는 장면이 아름답게 묘사된 영화 '흐르는 강물처럼' A Runs Through It(1992)이 자꾸 생각났다. 과연 영화에서 보던 풍경과 비슷하다. 방수가 되는 회색 낚시복을 입고 강물 속에 몸을 절반쯤 담근 낚시꾼들의 모습이 자주 보인다. 이곳

PART 05 옐로스톤 · 그랜드티턴 국립공원 3박4일 **195**

'올드 페이스풀 라지'는 주변 자연환경과 참 잘 어울리도록 지어졌다.

에서 낚시를 하기 위해서는 허가증permit을 받아 두어야 한다. 독립기념일 연휴여서 그런지 가족 단위 여행객이 많아 보였다.

옐로스톤에서 처음 구경한 곳은 '로어 가이저 분지'Lower Geyser Basin(낮은 간헐천 분지)다. 로어 가이저 분지에는 간헐천이 여러 개다. 파란 빛깔인 것도 있고 회색 페인트통이 펄펄 끓는 모양의 '파운틴 페인트팟'Fountain Paint Pot(페인트통 분수)도 있다.

물이 파란 건 물 속에 녹아 있는 바위가루에 태양빛이 반사되기 때문이고 회색인 것은 진흙을 잔뜩 함유하고 있는 까닭이다. 옐로스톤의 물들은 또 그 속에 살고 있는 박테리아의 종류에 따라 색깔이 다르다. '알지'Algae라고 하는 녹조류가 있으면 보통 붉은 빛을 낸다.

수증기가 대량으로 올라오는 게 마치 사우나에 들어온 것 같았다. 곳곳에 지반이 함몰된 게 지반이 약하다는 사실을 말해주고 있었다. 그래서 공원관리사무소에서 설치한 폭 2m 정도의 나무길을 벗어나면 발이 꺼질 위험이 있으니 늘 조심하는 게 좋다.

로어 가이저 분지에 이어 옐로스톤에서 가장 유명한 '올드 페이스풀 가이저' Old Faithful Geyser로 향했다. '오래되고 정확한' Old Faithful이라는 이름에서 알 수 있듯이 이곳은 분출 시간이 규칙적이다. 올드 페이스풀은 땅 속에 형성된 호리병 모양의 거대한 빈 공간에 온천수가 가득 차면 높은 온도와 압력에 의해 지표 밖으로 막대한 양의 물을 밖으로 내뿜고 있다. 원래는 45분 간격으로 분출하다 대지진이 발생한 뒤부터는 90분 전후로 분출하고 있다. 분출 시간은 지표 아래 온천수가 모이는 양을 측정해 계산한다. 분출 시간은 방문자 센터에서 확인할 수 있다.

우리는 오후 3시 19분으로 예상되는 분출을 보기로 했다. 전 세계에서 몰려든 관광객들은 1시간 전부터 전부터 삼삼오오 모여들어 좋은 자리를 차지하고 있었다. 좋은 자리는 바람이 부는 방향과 90도 각도가 되는 곳이다. 예상 시간보다 7분 빠른 3시 12분부터 소량의 물이 나오기 시작했다. 얕은 물줄기가 몇 차례 반복하며 애를 태우더니 어느 순간 하늘 높이 솟구쳐 오르기 시작했다. 분출은 4~5분 정도 지속됐다. 곳곳

'미드웨이 간헐천 분지'. 코발트 빛깔의 스프링도 인상적이지만 바람의 양에 따라 뿜어내는 엄청난 양의 수증기가 더 기억에 남는다.

에서 탄성이 절로 터져 나왔다. 수십 미터까지 솟아오른 물줄기가 땅속에서 거대한 지각 활동이 이루어지고 있음을 말해주고 있다.

올드페이스풀의 기세가 한풀 꺾이자 이번에는 뒤쪽으로 더 강력한 분출이 시작됐다. 올드페이스풀이 2개인가보다 생각하면서 계속해서 셔터를 눌러대는데 나중에 알고 보니 '그랜드 가이저' Grand Geyser라고 했다. 그랜드가이저가 분출하는 일은 거의 드문데 가이드 역시 처음 보는 것이라 했다. 땅속에서 규칙적이든 그렇지 않든 간에 용암에 의해 뜨겁게 데워진 수천 톤의 물이 땅 밖으로 한꺼번에 솟아오른다는 사실을 목격하고 나니 과연 땅속에서도 자연 활동이 이뤄지고 있다는 사실이 더욱 실감나게 다가왔다.

올드페이스풀 간헐천을 뒤로 하고 '미드웨이 간헐천 분지' Midway Geyser Basin로 향했다. 이곳은 다른 간헐천 분지에 비해 규모가 작지만, 신비로운 분위기의 '익셀시어' Excelsior (보다 높은 곳을 추구하는) 간헐천과 옐로스톤에서 가장 큰 온천인 '그랜드 프리즈매틱 스프링' Grand Prismatic Spring이 있기에 빼놓지 말고 들러야 하는 코스다.

익셀시어 간헐천은 지난 1985년, 무려 46시간 동안이나 분출을 계속한 후 지금껏 침묵을 지키고 있지만 엄청난 양의 온천물을 파이어홀 강으로 폭포처럼 쏟아내며 수증기를 연신 뿜어낸다. 엑셀시어 간헐천에서 불어오는 맞바람이라도 맞게 되면 한치 앞이 보이지 않을 정도로 안개가 짙어진다. 미드웨이 간헐천 분지는 공원사무소에서 설치한 나뭇길을 따라 약 1km를 둘러보게 된다.

✈ 공원 본부가 자리한 '맘모스 핫스프링'

둘째 날 여정의 마지막 코스는 공원 본부가 위치해 있는 '맘모스 핫스프링' Mammoth Hot Spring이다. 옐로스톤 북쪽에 위치한 이곳은 '온천' spring을 연상시키지만 실제로는 지하에서 분출되는 뜨거운 석회질이 오랜 세월 켜켜이 쌓여 하얀 계단을 이루면서 흘러내린 특수한 지형을 이루는 곳이다.

한때 물의 양이 많을 때는 온천수가 폭포처럼 흐르면서 옐로

지하에서 분출되는 석회질이 오랜 세월 켜켜이 쌓여 만들어진 맘모스 핫스프링은 옐로스톤이 형성된 과정을 볼 수 있다.

스톤에서 가장 환상적인 곳이었다는데 지금은 그 힘이 많이 줄어 바위 사이로 찔끔거리면서 물이 흐른다. 하도 특이해서 옐로스톤 관광이 시작된 곳이자 공원 입구에서 나눠주는 안내지도의 표지 사진으로 사용되는 곳이기도 하다.

대개는 맘모스 핫스프링의 윗부분에서 내려 아래로 연결된 산책로를 따라 30여 분 걸으면서 감상할 수 있다. 진한 유황 냄새가 코를 찔렀다. 날이 더울 때는 일사병에 걸릴 수 있기 때문에 노약자나 컨디션이 좋지 않은 어른들은 그냥 차를 타고 아래로 이동하는 게 낫다. 우리 일행 중에 한 중년 여성도 중간에 컨디션이 좋지 않아 되돌아가기도 했다.

✈ 미국 국립공원의 상징 '루즈벨트 아치'

맘모스 핫스프링을 지나 북쪽 입구를 빠져나오니 독립문을 연상시키는 아치형 석조 구조물이 보인다. '자연보호주의자'로 유명한 미국 제26대 테어도어 루즈벨트Theodore Roosevelt(1901~1909년 재임) 대통령이 세운 '루즈벨트 아치' Roosevelt Arch다.

개선문 형태의 이 아치는 미국 국립공원의 상징 같은 건축물이다. 아치 맨 윗부분에 'FOR THE BENEFIT AND ENJOYMENT OF THE PEOPLE'이라고 대문자로 적혀있다. '사람들의 이익과 즐거움을 위하여' 라는 뜻인데 이보다 더 잘 국립공원을 지정하고 보호하는 이유를 설명할 수는 없을 것 같다. 아치 밑에는 '1872, Act of Congress'(1872년, 연방의회 법령)라고 기록해 국립공원으로서의 옐로스톤의 권위를 높여주고 있었다.

참고로 미국에는 2명의 루즈벨트 대통령이 있었다. 한국 사람에게 친숙한 루즈벨트 대통령은 제32대 프랭클린 루즈벨트Franklin Roosevelt(1932~1945)다. 그는 뉴딜정책을 통해 1930년의 대공황을 극복했고 2차 대전을 연합국의 승리로 이끌면서 한반도의 운명에도 어느 정도 영향을 주었으며 미국의 처음이자 마지막 4선 대통령이 됐다.

그보다 30년 앞서 테어도어 루즈벨트 대통령이 있었다. 미국인들은 흔히 테어도어 루즈벨트 대통령을 '자연보호의 아버지'로 부른다. 사실 미국 대통령의 권한이 1, 2차 세계대전

독립문 형태의 '루즈벨트 아치'는 미국 국립공원의 상징 같은 구조물이다.

전에는 그다지 강력하지 않았다. 그래서 20세기 이전 미국 대통령 가운데 1대 조지 워싱턴과 16대 아브라함 링컨 등을 제외하면 큰 업적을 남기거나 우리가 이름을 기억하는 대통령은 많지 않다. 20세기 들어 처음 취임한 테어도어 루즈벨트 역시 1차 대전 발발 전에 취임한 덕에 지금처럼 바쁘지도 않았고 권한이 그다지 막강하지 않았다. 그래서 그는 자연보호에 많은 에너지를 쏟을 수 있었다.

후대 사람들은 그의 이름을 본 따 '테디 베어' Teddy Bear라는 캐릭터 상품을 만들어 팔기 시작했는데 지금은 원래 모델보다 더 유명해졌다. 뉴욕의 자연사 박물관을 배경으로 하는 영화 '박물관은 살아 있다' Night at the Museum에서도 테어도어 루즈벨트는 매우 친숙한 인물로 그려지고 있다.

✈ 140년 역사의 소도시 '가디너'

루즈벨트 아치를 지나면 곧바로 '가디너' Gardiner다. 옐로스톤의 최초 입구로 번영을 누렸으나 다른 입구가 생기고 철도나 자동차 등 다른 교통수단이 발달하면서 더 이상 발전을 못하고 있는 조그마한 타운이다.

140년 역사의 가디너는 건물 하나하나의 유서가 깊었다. 식당과 기념품 가게를 겸하고 있는 '타운 카페' Town Cafe도 100년 이상 된 건물을 사용하고 있었다. 이 자그마한 '도시' Town에서 이보다 더 어울리는 이름을 생각하긴 어려웠을 것 같다. 주인이 아버지로부터 "루즈벨트 대통령이 2층에 있던 호텔에 묵었다"는 얘기를 들었다고 했다. 사실 여부는 확인할

가디너는 인구 1만 명도 채 되지 않는 소도시지만 옐로스톤 140년 역사를 간직하고 있는 곳이다.

'옐로스톤 빌리지'. 목조 캐빈형 건물로 가디너에서는 유일하게 평면 TV를 갖추고 있다.

길이 없지만 루즈벨트 대통령이 재임 기간 중에 8개월 동안 이곳에서 집무를 보고 아치를 세울 정도로 옐로스톤을 좋아했기 때문에 흥미롭게 들렸다. 가디너에서는 루즈벨트 대통령의 흔적을 곳곳에서 느낄 수 있다.

저녁 메뉴는 스테이크와 연어구이 가운데 선택했다. 스테이크를 골랐는데 몬태나 산 쇠고기의 맛과 질이 수준급이었다. 미국식 캐빈 식당에서 먹는 쇠고기 스테이크는 서부 여행의 진수를 제대로 느낄 수 있게 하기에 충분한 메뉴였다.

숙소는 '옐로스톤 빌리지' Yellowstone Village 였다. 나무로 만든 캐빈형 목조 건물로 이 동네에서는 가장 최근에 리모델링했고 평면 TV가 설치돼 있다. 숙소 정면으로는 만년설이 쌓여 있는 옐로스톤 봉우리가 손에 잡힐 만큼 가까워 보인다. 길 뒤로는 옐로스톤 강이 가디너를 감싸고 빠른 속도로 빠져나갔다. 밤하늘은 별들로 빼곡했다.

Day3 셋째 날

여행 사흘째. 6시에 기상해 커튼을 힘차게 열어젖히고 창문을 여니 만년설 쌓인 옐로스톤의 산들이 타운을 내려다보고 있다. 새벽 가디너는 미국 여느 시골 도시처럼 여유롭다. 마켓도 있고 교회는 2개나 보였다. 우체국은 타운 한복판에 위치했다. 우체국이 있기에 가디너는 그 옛날에도 외딴 곳이 아닐 수 있었을 것이다.

✈ 루즈벨트가 묵고 갔다는 타운 카페

어제 저녁을 먹은 타운 카페에서 베이컨과 소시지, 그리고 감자볶음으로 아침을 해결했다. 식사 후 식당 주인인 웨이드 라우바쉬Wade Laubash와 잠깐 얘기를 나눌 기회가 있었다. 전형적인 미국 백인으로 나이는 오십쯤 돼 보였다. 머리는 '충분히 빠져' 빛이 났고 콧수염을 멋있게 길렀다. 아버지가 1964년부터 가게를 인수해 운영하고 있다고 했다. 한국인 손님은

100년 넘는 역사를 가진 타운 카페는 한 때 호텔영업도 했는데 26대 테어도어 루즈벨트가 묵고 갔다고 전해진다.

1992년부터 받고 있었다. 지난해에만 4,200명의 단체 손님을 받았다. 한국 단체 손님들을 많이 받았다는 자부심이 가득했다.

식사 후 루즈벨트 아치를 지나 북쪽 입구를 이용해 공원 안으로 다시 들어섰다. 옐로스톤의 북쪽 입구는 군부대 초소처럼 생겼다. 실제로 옐로스톤을 처음 관리한 것이 군 기병대였기 때문이라고 가이드가 설명했다.

공원 본부가 있는 맘모스 핫스프링 지역은 기병대가 막사로 쓰던 건물이 여럿 있다. 국립공원으로 지정될 당시만 해도 이곳에는 인디언들의 활동이 활발했기에 미국인들을 이들로부터 보호할 필요가 있었다. 기병대에게는 수시로 출현하는 야생 동물들로부터 관광객들을 보호하는 임무도 주어졌다.

최초 국립공원인 옐로스톤에 기병대가 주둔함으로 인해 생겨난 것이 'Park Ranger'(공원 순찰대) 제도라고 한다. '특별공격대원'을 뜻하는 'Ranger'라는 단어가 공원 순찰대로 사용된 것은 이러한 역사적 배경이 있기 때문이다.

덕분에 공원 순찰대는 단순히 공원 관리만 하는 게 아니라 규정을 위반한 차량이나 관광객들에게는 티켓이나 벌금도 발부하는 등 권한이 막강하다. '준 사법기관'에 가깝다. 그런 의미에서 옐로스톤은 미국 국립공원의 틀을 제시했다는 말이 다시 한 번 실감나게 다가온다.

✈ 1년에 한번 보기 힘든 '그리즐리 베어'

공원 본부가 있는 맘모스 핫스프링을 지나 버스가 어제와 반대쪽인 왼쪽으로 들어섰다. 이 지역을 '루즈벨트 컨트리' Roosevelt Country 이라 부르는데 루즈벨트 대통령이 이곳에서 8개월가량 머물면서 업무를 처리했기 때문이라고 한다.

루즈벨트 컨트리에 들어서자마자 큰 횡재를 만났다. 차들이 갓길에 대고 사람들이 차에서 내려 오른쪽 숲을 향해 사진을 찍고 있는데 검은색의 '그리즐리 곰' Grizzly Bear 이다. 거리가 멀어 자세히 보이지는 않지만 등에 혹이 나 있어 틀림없는 그리즐리 곰이라는 사실을 확인해주고 있다.

옐로스톤에 아무리 곰이 많다고는 해도 요즘에는 그리즐리 곰을 직접 보는 게 흔치 않다고 했다. 걸어가는 모습이 새끼 곰들이 노는 것을 지켜보는 어미 곰처럼 보인다. 여행을 마치

옐로스톤에 살고 있는 '그리즐리 베어'. 새끼곰들이 노는 것을 지켜보는 어미 곰처럼 보였다. 우리가 이 곰을 본 지 사흘 뒤 이곳에서는 등산객이 곰에게 물려죽었다는 뉴스가 들려왔다.

고 사흘 뒤에 옐로스톤에서 등산객이 곰에 물려 죽는 사고가 발생했다. 이 사고는 한국에서도 크게 보도됐는데 옐로스톤에서 곰이 사람을 공격한 건 25년 만이라고 했다. 아무래도 뉴스에서 보도하는 그 곰의 생김새가 그 때 본 그 곰과 비슷했다. 새끼 2마리가 같이 있었다고 했는데 어미 곰은 등산객이 새끼곰을 공격하는 것으로 생각한 모양이다. 곰은 원래 수동적이어서 사람을 잘 공격하지 않는다는 이유로 공원관리국은 곰을 사살하거나 덫을 놓아 체포하지 않기로 했다고 한다. 옐로스톤을 여행할 때는 항상 곰을 조심해야 한다.

✈ 야생 버팔로와 '조깅'하는 행운

그리즐리 곰을 구경한 뒤 남쪽으로 더 내려가는데 이번에는 버팔로 2마리가 찻길에 내려와 있다. 버스가 다가가자 앞으로 걸어간다. 도로 옆으로 빠져야 버스가 갈 수 있지만 버팔로는 아는 듯 모르는 듯 눈치를 보더니 앞으로만 걷는다. 어니스트 기사가 "비켜"Get Off the Road라고 혼잣말을 하지만 버팔로가 알아들을 리 없다.

10분 정도 가다 서다를 반복했는데 성미 급한 뒷차가 우리를 추월해서 앞으로 지나가자 이번에는 버팔로가 뛰기 시작한다. 갑자기 버팔로와의 경주가 시작된 것이다. 버팔로는 생각보다 빨랐다. 몸이 무거워 날렵하지는 않았지만 뒤뚱뒤뚱 뛰는 게 아주 볼만했다. 몇 분간의 경주 끝에 그제야 버팔로가 길옆으로 빠졌다.

야생 버팔로는 버스가 달리자 피하기는커녕 눈치 없이 같이 달리기만 했다. 버팔로가 뛰는 것을 본 사람은 많지 않을 것이다.

'아티스트 포인트'. 폭포 주변의 바위들이 노란빛을 띠고 있어 '옐로스톤'이라는 지명을 얻게 된 계기가 됐다. 한편의 예술이다.

만약 공원 순찰대가 목격했다면 뒷차는 티켓 감이다.

오늘 첫 관광지는 '옐로스톤의 그랜드캐넌' Grand Canyon of the Yellowstone이라고 불리는 '아티스트 포인트' Artist Point다. 'Yellowstone'이라는 이름을 만들어낸 장소로 '노란 바위'들의 협곡이 절경을 연출하고 있다.

송 부장이 "예술인들이 좋아하는 곳"이라고 설명했다. 과연 물 떨어지는 모습이 예술이다. 바위 색이 형형색색인 것은 포함하고 있는 광물의 양이 다르기 때문이다. 멀리서 큰 물 떨어지는 소리가 협곡을 따라 에코를 울리면서 들린다. 아직 오전 9시 밖에 되지 않은 이른 시간인 데도 한국인 단체관광객

'윗폭포 가장자리'. 유속이 빠르고 물이 많아 정면으로 쳐다보면 빨려 들어갈 것만 같다.

들이 계속 들어왔다.

아티스트 포인트가 2단계 폭포 가운데 '아래 폭포' Lower Falls 였다면 이번에 본 것은 '윗 폭포' Upper Falls의 가장자리다. 물이 떨어지는 것을 바로 옆에서 볼 수 있는데 물의 양이 많고 유속이 생각보다 빠르다. 한국의 산에서 볼 수 있는 계곡의 규모와 물의 양을 생각하면 오산이다. 물을 정면으로 쳐다보면 물속으로 빨려 들어갈 것만 같다. 어지럼증이 느껴졌다. 폭포를 형성하는 옐로스톤 강은 상류로 갈수록 물의 양이 많아지고 폭도 넓어지는 게 특징이다. 일반적인 강들은 하류로 내려가면서 다른 지류들이 합류해 유량이 많아지는데 그와 반대다. 이유는 옐로스톤 지역 자체가 해발고도가 약 2000m에 해당하는 산간지대여서 하류로 내려가면서 물길이 여러

'머드 볼케이노'. 유황 냄새가 진해 사우나 목욕탕의 맥반석 계란이 생각났다.

개로 갈라지기 때문이다. 실제로 옐로스톤 지도를 보면 옐로스톤 강에서 여러 개의 지류creek들이 갈라져 나가는 것을 볼 수 있다.

다음 들른 곳은 '진흙 분화구' 라는 뜻의 '머드 볼케이노'Mud Volcano였다. 이곳은 공원 내 다른 온천들과는 달리 회색 페인트 빛깔의 연못이 여럿 모여 있다. 유황 냄새가 진해 사우나 목욕탕에서 파는 맥반석 계란이 생각난다. 여러 개의 못 가운데 '용의 입'Dragon's Mouth 라고 하는 곳이 가장 특이한데 마치 용이 침을 삼키듯 가글가글하는 소리가 계속 났다.

머드 볼케이노는 1800년대 후반까지만 해도 몇 시간마다

70m 높이로 진흙물을 뿜어댔지만 1927년 이후 이제껏 침묵을 지키고 있다. 그렇지만 분출구를 통해 올라오는 가스로 인해 진흙물이 부글부글 넘실대는 진귀한 광경을 연출했다.

✈ 여름과 겨울을 동시에 느낄 수 있는 옐로스톤 호수

옐로스톤 강을 따라 다음 목적지인 '웨스트 덤'West Thumb으로 이동했다. 웨스트 덤은 '호수 서쪽의 엄지손가락'이라는 뜻으로 미 대륙 최대 산정 호수인 '옐로스톤 호수'Yellowstone Lake의 서쪽 끝부분에 마치 엄지손가락 모양으로 붙어 있다고 해서 붙여진 이름이다.

옐로스톤은 그 옛날 화산 활동으로 생겨난 고원지대다. 그리고 옐로스톤 호수는 지금부터 12만5000년 전의 또 다른 화산활동으로 생겨난 거대한 규모의 산정

> 북미 최대산정 호수인 옐로스톤 호수의 '서쪽 가장자리'. 7월 한여름에도 눈을 보며 호수의 절경을 감상할 수 있다.

호수다. 주위 둘레가 100리나 된다고 하는데 호수 안에 섬만 해도 여러 개다. 호수 건너편에는 만년설이 녹지 않고 남아 있는 거대한 바위 봉우리가 여럿 보였다.

호수 주변에는 간헐천이 많다. '검은 물웅덩이' Black Pool 이라는 이름의 예쁜 호수가 하나 보이는데 물의 온도가 높아지면서 검은색 박테리아가 다 죽어버려 지금은 코발트 빛깔의 파란 호수가 됐다.

✈ 영화 셰인의 배경이 된 '그랜드티턴'

웨스트 덤을 마지막으로 우리를 태운 버스는 '록펠러 주니어 기념 도로' John D. Rockefeller Jr. Memorial 를 타고 옐로스톤을 빠져 나갔다. 오일 재벌 존 록펠러 Rockefeller 의 아들이 경치에 반해 이 지역을 구입하였고 나중에 연방 정부에 기부해 '록펠러 주니어 기념 도로'로 지칭되고 있다. 이 길을 따라 '그랜드티턴' Grand Teton 국립공원으로 진입했다.

옐로스톤과 그랜드티턴은 사실상 붙어 있는데 두 공원 가운데 한곳의 입장권만 있으면 다른 공원은 무료로 입장할 수 있다. 그랜드티턴은 프랑스 출신의 남자 모피 무역상들이 득실거리던 시기, 3개의 거대한 봉우리가 여자의 가슴처럼 보인다고 해서 '유방'이라는 뜻의 불어 '티턴' Teton 으로 불렀다고 한다.

서부 영화 '셰인' Shane 의 촬영지이기도 한 이곳은 끝없는 지각활동으로 큰 바위들이 떨어져 부서지면서 '티턴 단층'을

그랜드티턴의 봉우리들. 영화 '쉐인'을 보면 저 봉우리들이 등장한다.

형성하고 있다. 양면의 바위들은 측면 활동을 하면서 한쪽이 다른 한쪽보다 많이 깎여 여러 가지 모양을 하고 있다. 2000m 이상의 고봉들이 여럿 이어지고 있는데 가장 높은 봉우리는 높이가 4199m다.

그랜드티턴은 또 미국에서 하이킹과 트레일 코스가 가장 잘 갖추어진 곳으로도 유명하다. 전체 트레일 코스만 무려 수천 킬로에 이른다고 한다. 맹인들을 위한 코스까지 있다고 하니 더 이상 설명이 필요 없을 듯하다.

✈ 영화 속 한 장면 같은 잭슨 호수와 모란봉

본격적으로 그랜드티턴을 구경하기에 앞서 '모란봉' Mount

Moran(3843m)을 배경으로 멋있게 펼쳐져 있는 '잭슨 호수' Jackson Lake의 통나무 식당에서 햄버거로 점심을 해결했다. 잭슨호숫가에서 바라본 모란봉은 마치 눈 덮인 스위스 알프스를 연상시켰다. 한 폭의 그림이 따로 없다. 아무렇게나 셔터를 눌러도 작품 사진이고 달력 사진이다. 호숫가에는 구명조끼를 갖춰 입은 어린 아이들이 보트를 타고 노는데 꼭 영화의 한 장면 같다.

호수를 둘러본 뒤 '잭슨홀' Jackson Hole 시로 이동했다. 잭슨홀로 가는 길에 그랜드티턴의 세 봉우리가 가장 잘 보이는 중간 지점에서 송호영 부장이 단체 사진을 찍어주는 서비스를 제공했다. 그랜드티턴의 세 봉우리는 영화 '셰인'에서 시작부

잭슨 호수에서 바라본 '모란봉'. 한 폭의 그림이요, 달력 배경이 따로 없다.

터 끝까지 배경으로 등장하는데 과연 눈을 뗄 수 없을 정도의 절경이다.

✈ 서부 개척 시대를 연상시키는 부유한 은퇴 마을 '잭슨홀'

잭슨홀 Jackson Hole 은 서부 개척 시대의 흔적이 고스란히 남아 있는 곳이다. 그리고 여름에는 관광으로, 겨울에는 스키로 부를 창출하는 곳이기도 하다. 요즘은 은퇴한 부유층들이 여생을 보내기에 좋은 곳으로 각광받고 있다. 도시는 한적하고 깨끗한 게 한눈에 봐도 부자 도시임을 알 수 있었다. 태양열이 강렬해 곳곳에서 태양열 집광판을 볼 수 있었다. 범죄도 거의 발생하지 않아 자전거를 타고 가다 넘어져도 경찰이 출동한

'잭슨홀' 시에는 서부 개척 시대의 흔적이 고스란히 남아있다.

다고 했다.

잭슨홀의 건물들은 대부분 2층짜리 목조 구조물이다. 길가로 나 있는 2층 테라스에서는 금방이라도 허리에 총을 찬 카우보이와 폭이 넓은 레이스 치마를 입는 백인 아가씨가 문을 열고 나올 것만 같다. 타운 한가운데는 입구를 엘크의 뿔을 얽어 만든 공원이 조성돼 있다.

길에 설치된 디지털 온도계가 화씨 94도를 가리켰다. 섭씨로는 40도에 가깝다. 잭슨홀 시를 뒤로 하고 22번 도로를 타고 미국 최고 스키 마을인 '티턴 빌리지' Teton Village로 이동했다.

✈ 잭슨홀 시가 한눈에 들어오는 케이블카

티턴 빌리지는 한눈에 봐도 스키 마을이다. 스키 코스가 좋아 스키 점프와 같은 겨울철 '극한 스포츠' Extreme Sports의 메카로 불린다. 빌 클린턴 전 대통령과 딕 체니 전 부통령도 이곳에서 스키를 탔을 정도로 시설이 훌륭하다.

15분 간격으로 출발하는 케이블카Tram를 타고 정상을 향해 이동했다. 출발 지점의 해발 고도가 2000m인데 거기서 케이블카를 타고 더 위로 이동한다고 했다.

케이블카의 길이는 4km나 되지만 이동 속도가 빨라 정상에 도달하는 데는 14분이면 충분하다. 중간에 타워를 4번 정도 지날 때 심장이 덜컹 내려앉는 느낌을 제외하면 움직임을 거의 느낄 수 없을 정도로 승차감이 좋다.

3185m 높이의 정상에 오르니 산 아래 장관에 탄성이 절로

티턴빌리지에 있는 케이블카를 타고 정상에 오르면 이 일대가 한눈에 들어온다.

나온다. 높은 산들로 둘러싸인 이 지역을 왜 잭슨 '홀'Hole(구멍)이라고 부르는지 이유를 알만 하다. 분명 케이블카를 탄 저 아래는 30도가 넘는 여름인데 정상의 바람은 서늘하다. 기온이 화씨 66도, 그러니까 섭씨 20도가 조금 안 된다. 해가 들지 않는 방향에는 얼어붙은 눈이 그대로 남아 있었다.

그랜드티턴 여행을 입체적으로 마무리할 수 있다는 송 부장의 말이 무슨 뜻인지 이해가 됐다. 북쪽 방향으로는 그랜드티턴이 손에 잡힐 것만 같은데 무려 20km나 떨어져 있다고 했다.

그랜드티턴을 끝으로 숙소가 있는 포카텔로로 향했다. 그러고 보니 하루 동안만 ▲몬태나(가디너) ▲와이오밍(옐로스톤, 그랜트티턴) ▲아이다호 등 3개 주를 넘나들었다. 땅이 넓은 미국 여행에서만 할 수 있는 독특한 경험이 아닐 수 없다.

식사 장소는 첫날 저녁을 먹었던 중국식당 '죽림원(竹林園, Bamboo Garden)이다. 한인 손님들을 위해 양배추 김치와 배추로 만든 김칫국 그리고 김치 볶음밥을 내놓은 게 고맙다. 며칠 동안 고춧가루가 든 음식을 먹지 못해 느꼈던 느끼함이 일순간에 가시는 기분이다. 숙소 역시 첫날 묵었던 레드 라이언 호텔이다. 불과 이틀 전에 묵었을 뿐인데 집에 온 것처럼 편안하다.

Day4 넷째 날

전날 일찍 잠자리에 들 수 있었던 덕분에 마지막 날 아침은 한결 상쾌했다. 저녁에는 집에 갈 수 있다는 기대감도 작용했으리라. '여행을 하는 이유는 일상으로 돌아가기 위해서' 라는 프랑스 격언도 있듯이 말이다.

오늘은 7월 4일 미국의 '독립기념일' Independence Day이다. 235년 전 조지 워싱턴과 토머스 제퍼슨 같은 '건국의 아버지' Founding Fathers들은 이 날 영국의 식민 지배에 대항해 독립을 선포했다. 미국에서 성조기는 평소에도 자주 볼 수 있지만 이 날은 더 많이 볼 수 있다.

몇 년 전까지만 해도 독립기념일이면 '수퍼 파워' 미국의 탄생을 축하하기 위해 곳곳에서 시끌벅적한 행사가 벌어졌을 테지만 올해는 꽤 조용했다. 10년 가까이 계속되는 전쟁과 경기 침체로 인해 미국인들의 자신감이 많이 떨어진 듯하다. 당장 내 살림도 꾸리기 힘든 마당에 초강대국이라는 과거의 명성을 유지하기 위해 빚을 내서라도 세계의 모든 분쟁 지역에 개입해야만 하는 미국의 입장이 역사의 아이러니처럼 느껴지는 요즘이다.

✈ 여행의 피로가 가시는 소금 온천

식사 후 소금 온천으로 유명한 '크리스털 핫스프링스'Crystal Hot Springs로 향했다. 눈산을 배경으로 한 야외 노천 온천이다. 적당히 구름 낀 날씨여서 노천 온천하기에 딱 좋다. 입에 와 닿는 물기가 꽤 짭짤했다. 물의 온도는 상당히 높았다. 발을 담그다 빼는 사람도 있지만 시원하다는 소리가 절로 나왔다. 여행의 피로가 싹 가신다.

소금기가 느껴지는 '크리스털 핫스프링스'. 여행의 피로가 싹 가시는 곳이다.

"미끄럼틀을 꼭 한 번은 타보라"는 가이드의 설명대로 대부분 미끄럼틀 위로 올라갔다. 칠십 넘은 노부부도 동참했다. 그럭저럭 재미가 쏠쏠했지만 예상보다 빠른 속도감에 좀 당황스럽기도 했다.

점심 식사 전에 '몰몬 성전' Mormon Temple을 둘러봤다. 한인을 비롯해 4명의 다국적 선교사들이 우리를 안내했다. 몰몬 성전은 150년 전 동부에서 박해를 피해 건너 온 초기 몰몬교 신도들의 삶의 흔적이 고스란히 남아 있는 곳이다. 단순히 교회라고 하기보다는 역사를 기록한 박물관이다. 벽돌 한 장과 돌 하나에 초기 개척민들의 피와 땀과 노력의 흔적이 그대로 묻어 있다.

✈ 서부 개척의 역사를 간직한 몰몬 성전

성전은 1만 명 이상을 수용할 수 있도록 지어졌으며 어느 자리에 앉아도 설교자의 목소리를 들을 수 있도록 음향 시설에 각별한 신경을 썼다. 정착민들이 지도자인 브리검 영 Brigham Young(1801~1877)의 목소리를 직접 듣고 싶어 했기 때문이다.

강단 뒤로 성가대 석이 마련돼 있는데 360명으로 구성된 몰몬교 성가대의 수준은 세계 최고라고 한다. 성전에는 조상의 핏줄을 알아보는 시스템도 있는데 한인들에 대한 자료는 부족하지만 어느 정도 갖춰져 있다.

동부 기독교인들의 박해를 피해, 브리검 영의 지도로 새로운

몰몬 성전은 종교 건물이기에앞서 서부 개척의 역사를 간직하고 있는 박물관에 가깝다.

보금자리를 찾아 서부로 이동하던 몰몬교 신도들은 '이곳이 그곳'This is the Place이라는 지도자의 말에 따라 지금의 솔트레이크 시에 정착했다. 당시만 해도 이곳 일대는 모하비 사막 지역으로 미국 국경 밖이었고 사람이 살만한 조건을 갖추고 있지 않았다.

그 때의 유타는 지금보다 3배가량 넓었고 지금의 네바다 주와 애리조나 주 일부를 포함하고 있었지만 몰몬교의 세력이 커지는 것을 두려한 연방 정부는 유타를 분리해 지금의 형태로 만들었다. 미국 서부 주들의 경계가 자로 자른 듯 직선인 이유에는 이렇게 인위적인 '분리'라는 역사적 배경이 있다. 어쨌든 당시 몰몬교 신도들은 이곳에서 박해를 피할 수 있었고 그들의 신앙을 구현할 수 있었다.

몰몬교는 현재 유타를 포함해 이번 여행에서 둘러본 아이다호, 몬태나 등 중서부 지역 주민들에게 대단한 영향력을 미치고 있다. 델타항공도 몰몬 교단에서 많은 양의 주식을 보유하고 있고 다음 대통령 선거에서 몰몬 신자인 미트 롬니(Willard Mitt Romney) 매사추세츠 주지사도 유력한 후보로 거론되고 있다.

몰몬교 신도들은 일정 기간 선교나 봉사 활동에 참가한다. 한국에서도 흔히 볼 수 있는 양복 입은 몰몬교 선교사들도 이러한 선교활동의 의무를 마치기 위한 경우다. 덕분에 몰몬교 지도자들은 언어에 탁월한 재능을 가질 수 있었고 정부 정보기관의 언어 해독이 필요한 부서에서 많이 근무하고 있다.

✈ 솔트레이크 시내 어디서나 볼 수 있는 주청사

한식당 '고려정'에서 점심을 먹고 유타 주청사를 둘러봤다. 유타 주청사는 솔트레이크 시내 어디서나 보이는데 유타 주의 역사를 고스란히 담고 있다. 유타가 주로 인정받은 뒤, 20세기 들어 지어진 이 건물은 실내를 대리석으로 장식해 고급스러움을 더한다. 몰몬 성전처럼 음향(acoustic)에 신경을 많이 써 이쪽 끝에서 작은 목소로 얘기하면 벽을 타고 소리가 이동해 반대쪽에서도 들을 수 있다.

주청사 뒤쪽에 부속 건물 형태로 지어진 건물들이 인상적이다. 대덕연구단지 같은 연구소 분위기를 연출하는데 오른쪽

유타 주청사는 솔트레이크 시내 어디서나 볼 수 있도록 언덕 위에 세워졌다.

이 상원, 왼쪽이 하원 건물로 주지사가 언제든지 협조를 요청할 사항이 있으면 걸어서 만날 수 있다. 의회 정치의 기본 운영 원리를 그대로 보여주는 것 같다.

주청사에서 정면으로 내려다보면 끝이 보이지 않는 길이 있는데 미국에서 가장 긴 로컬 도로라고 한다. 길 이름이 '스테이트 스트릿' State Street 인데 100km가 넘는다고 한다.

주청사를 뒤로 하고 공항으로 이동하는 길에 미 프로농구 NBA '유타 재즈' Utah Jazz 팀의 홈 경기장인 '에너지 솔루션즈 아레나' Energy Solutions Arena 가 보였다. 성실한 경기 태도로 '우편배달부' Mail Man 라는 별명을 지닌 칼 말론이 뛰던 팀이다. LA 레이커스의 홈 경기장인 스테이플센터보다는 훨씬 작아 보인다. 대신 도시 인구가 적어 표가 싸다는 장점이 있다고 한다.
도심에서 공항까지는 그리 멀지 않았다. 차로 15분 정도면 충분했다. 솔트레이크 공항은 이곳을 허브 공항으로 사용하는 델타항공이 2터미널을 쓰고, 나머지 항공사들은 1터미널을 사용한다. 동계 올림픽을 치른 도시답게 공항이 현대적이고 깨끗하다. 공항에서는 솔트레이크 시내가 한눈에 보인다. 눈산을 따라 형성된 솔트레이크 시는 참 아름다운 곳이다.
LA로 돌아올 때는 델타항공을 이용했다. 전체 좌석이 100석이 될까말까한 작은 비행기다. 옐로스톤 투어를 마친 한인 관광객 다수가 동승했다. 오후 8시 10분 출발해 1시간 쯤 지나 롱비치 근처에 오자 하늘에서 불꽃놀이가 시작됐다. 기내 전체가 "하늘 위에서 불꽃놀이를 구경하는 건 처음"이라며 평생 한 번 볼 수 있는 색다른 경험에 들뜬 분위기다. 롱비치 공항에 내리니 절정에 다다른 불꽃놀이가 미국의 생일을 축하하고 있다. 독립기념일의 화려한 불꽃놀이가 여행에 진한 여운을 남긴다.

부록

APPENDICES ✈ ------

01 신성균 삼호관광 대표 대담
02 LA의 숨겨진 보석 '그리피스 공원'

부록 01
신성균 삼호관광 대표 대담
CEO Interview

"전 세계 각지 뉴스에 촉각 곤두세워"
"좋은 상품 개발하려 노력하다보니 자연스레 대박"
"돈은 배신해도 손님 마음은 배신하지 않아"
"한국 학생 위해 영어 가이드 채용할 터"

구약성경 신명기에 보면 "네가 도시에서도 복을 받고 시골에서도 복을 받을 것이요"(28:3, You are Blessed in the town and blessed in the country)라는 구절이 나온다. 삼호관광 신성균 대표가 그런 사람이다. 적어도 겉에서 보기에는 그렇다. 신생 업체 삼호관광을 불과 10년 만에 미주 한인 최대 관광 회사로 성장시키고 이제는 한국의 유명 관광회사들과의 직접 경쟁에서도 밀리지 않을 만큼 실력을 갖췄다는 사실을 부인할 사람은 없기 때문이다.

삼호관광이 지금처럼 성장한 것은 신 대표의 노력과 철저하고 구체적인 플랜과 로드맵에 따라 이를 착실히 실천한 덕분에 가능했다. 물론 이 과정에서 남모르게 마음 고생한 적도 적지 않았다. 하지만 이제 적어도 미주 한인 사회에서만큼은 '관광=삼호'를 떠올리는 이들이 많아졌다. 경쟁 업체와의 간격도 꽤 벌어졌다. 이제는 수성(守成)을 생각하고 한인 여행 업계 전체를 업그레이드 시켜야 한다는 과제가 신 대표 앞에 주어졌다.

평소 언론에 나서기를 좋아하지 않는 신 대표로부터 직접 그 비결을 듣고 싶었다. 대담은 어렵게 성사됐다. 인터뷰를 사양하는 신 대표를 설득해 겨우 시간을 얻어냈다. 어렵게 성사된 인터뷰인 만큼 더 많은 얘기를 듣고 싶었지만 20년 가까운 창업 얘기를 몇 시간 만에 다 듣는 일이란 애당초 불가능했는지도 모르겠다.

인터뷰는 2011년 6월 9일 LA지역 대표적인 고급 주택가인 '행콕팍' Hancock Park 에 자리한 신 대표 자택 거실에서 3시간 동안 진행됐다. 그리고 인터뷰의 정확성을 기하기 위해 여러 차례 추가 인터뷰를 가졌다. 첫 번째 인터뷰에는 하용철 상무와 최원석 가이드가 동석했다. (현장감을 살리기 위해 가급적 신 대표의 말을 그대로 인용했다. 신 대표는 필자보다 20년가량 인생 선배로서 후배에게 자신의 경험을 편하고 담담하게 들려줬다.)

"가이드 시절 별명은 '신틀러'…
완벽 추구하는 그에게 손님들이 붙여줘"

Q 관광업과는 어떻게 인연을 맺게 됐습니까.

A "그 때가 93년 쯤 됐지. 당시 내 나이가 서른여섯 쯤 됐을 땐데, 여행사를 운영하던 김 사장님(신 대표는 김 사장의 실명이 나가는 것은 원치 않았다) 덕분에 여행업에 들어오게 됐지. 한 6개월 만에 부사장까지 올라갔어. 2~3년 일을 잘 배우고 있었는데 회사의 방향이 바뀌었어. 지금 생각해보면 극적인 일이었던 것 같아. 사장님이 언제부턴가 회사를 관광 쪽으로 키우고 확장하겠다는 생각보다는 다른 방향의 비즈니스를 추구하셨던 거야. 관광 쪽 직원도 절반으로 줄이셨지. 당시 난 갓 들어온 여행업이었지만 행정일도 보고, 가이드도 나가면서 이 일이 마음에 들었고 얼마든지 클 수 있다는 생각을 했었지. 그 때는 캐나다가 내 전문이었어. 캐나다 관광을 처음 개발했다고 해도 이의를 제기할 사람이 없을 거야. 당시만 해도 한국 사람들이 들어가지 못했던 밴프Banff나 빅토리아를 개척해서 처음 모시고 들어갔어. 한 마디로 '디럭스' deluxe 투어를 선보인 거지. 지금도 그건 다른 데서 따라 하지 못해. 여행비용을 줄여서 손님을 끌어들이는 가격경쟁을 하기보단 돈을 조금 더 내더라도 좋은 투어를 만들어야 손님이 온다는 게 지금도 그렇지만 그 때도 내 생각이었지. 그러다가 1995년 10월에 '삼호'라는 당시에 2년 된 신생 업체를 인수하게 된 거야."

가이드를 할 당시 신 대표의 별명은 '신틀러'였다. 그의 성last name '신'과 '히틀러'가 합쳐진 별명으로, 투어 도중 워낙 완벽을 추구했고 여행지 설명이나 행사 진행에 있어서 한 치의 오차도 없도록 했기 때문에 손님들이 지어준 것이었다. 당시 그는 투어를 시작하기에 앞서 "여러분은 이번 투어에서 참 좋은 대우를 받을 겁니다. 지난 번에 다녀가신 손님들이 품격과 질서가 있는 모습을 보여주어서 그런 거지요. 여러분이 잘하시면 다음 손님도 좋은 대우를 받게 됩니다"라고 말해 손님들이 자발적으로 가이드의 지시와 안내에 협조하도록 이끌어냈다. 그때만 해도 캐나다를 찾는 한국 관광객은 거의 없었다. 대다수가 미국과 유럽에서 온 백인들이었고 동양인은 일본인이 전부였던 시절이었기 때문에 신 대표는 외부 사람 눈에 비쳐지는 한국인의 질서 의식이나 매너에 각별히 신경 썼던 것이다. 지금 써 먹어도 효과 만점인, 재치 가득한 멘트다.

"그 때 내가 주로 캐나다를 했는데 처음 손님들의 명단을 받으면 여행 출발 전날 손님들에게 한통 한통씩 전화를 드렸어. '나는 여러분을 모시고 여행을 인솔하게 될 가이드 누구입니다. 현지 날씨는 어떻기 때문에 옷은 어떻게 입는 게 좋고 준비물은 뭘 꼭 챙겨야 합니다'라면서 인사를 한 거지. 50명이 출발하면 주로 가족이나 친구 단위로 움직이기 때문에 한 20통이면 됐어. 그래서 생각보다 시간도 오래 걸리지 않았어. 그런데 그 작은 수고가 얼마나 도움이 됐는지 몰라. 짧은 전화 한통이지만 다음날 아침에 만나면 오래 전부터 알던 사람을 만난 느낌을 갖게 되는 거지."
펜팔을 오래 하다 만나거나 전화 통화만 자주해도 늘 가까이 있는 바로 그런 느낌이 아닐까 하는 생각이 들었다. 신 대표의 '가이드 론(論)'이 계속됐다.

"가이드는 영화감독이자 무대의 총연출자"

"가이드를 하면서 나는 '관광 상품'을 파는 게 아니라 '나'를 판다고 생각했어. '5박6일, 6박7일 동안 나와 같이 다닌 이 손님들은 평생 나를 기억할 것이다. 내가 대충 하면 이분들 시간을 그냥 날려버리는 것이고, 내가 최선을 다하면 손님들 기억에 평생 아름다운 추억으로 남아 있게 된다'는 생각을 늘 하고 있었어.

그리고 나는 함부로 무시 못 하는, 존중받는 그런 가이드가 되고 싶었어. '뭐 저런 놈이 다 있어' 라는 그런 소리는 듣고 싶지 않았어. 돈만 벌면 되는 장사꾼 소리는 듣고 싶지 않았지. 가이드를 하면서 워낙 많은 손님들을 만나게 되니까 이거 10년 하면 국회의원 해도 되겠다는 생각이 들기도 했어."

(웃음)

듣다 보니 삼호관광 가이드들로부터 늘 듣던 얘기다. 신 대표의 가이드 철학이 삼호관광 가이드들에게 자연스럽게 심어진 것 같다. 신 대표는 관광을 영화에, 가이드를 영화감독에 비유했다.

"영화를 봐도 평생 기억에 남는 영화가 있고 극장 문을 나오면서 바로 잊혀지는 영화가 있잖아. 가이드는 여행의 총연출자가 돼야 해. 지금 이 시간에는 무슨 설명을 어떻게 하고, 어디를 지날 때는 어떤 음악을 틀어줘야 손님들의 감흥이 최고조가 되는지 늘 고민하고 그걸 해 주려고 노력했지. 한마디로 평생 기억에 남는 관광이 될 수 있도록 감독이 돼야 하는 거지."

이를 위해 당시 신 대표는 지금은 거의 사라진 카세트테이프에 투어 기간 동안 사용할 음악 20곡 이상을 담아 여행 때 사용했다. 지금이야 다운로드도 가능하고 버스 안에서 CD도 틀어줄 수 있지만 당시만 해도 투어 버스에는 카세트 플레이어만 있던 시절이었다. 그래서 사용할 곡들을 여행 코스에 맞게 순서대로 미리 편집해두지 않으면 여행지에 맞는 음악을 틀어주기 어려웠다. 그래서 20개 이상의 CD에서 여행지 테마에 맞게 1곡씩 뽑아내 완성시킨 120분짜리 카세트테이프 수십 개를 만들어 보물처럼 간직하고 다녔다. 지금은 삼호관광의 다른 가이드들이 MP3나 CD를 통해 사용하는 이 방법을 처음 도입한 게 바로 신 대표였던 셈이다.

"그런 노력 덕분에 인기가 많았어.(웃음) 투어 다녀오면 손님들이 많이 찾아왔는데 그 테이프를 하나씩 달라는 거지. 달라는 손님들에게는 선물도 많이 했어."

굳이 노래 테이프가 아니더라도 신 대표는 관광객들로부터 인기가 많았을 게 분명하다. 훤칠한 키(180cm는 족히 넘어 보인다)에 호남형의 외모로 영국 신사 분위기를 풍기는 신 대표

가 혼기에 있는 딸을 둔 부인들이나 젊은 여성들로부터 많은 인기를 얻었을 게다. 하지만 당시 신 대표는 이미 결혼을 한 상태로 딸 주나와 아들 조셉을 두고 있었다. 지금은 고급 주택에서 살고 있지만 당시만 해도 좁은 아파트 신세를 지고 있었다. 그래서 밤을 새워가며 테이프를 편집하는 동안 아내인 신영임 부사장이 잠을 못자 불평을 많이 했다고 했다.

"전생에 죄를 가장 많이 지으면 여행사를 하고 그보다 죄가 더 많으면 항공사(?)"

Q 여행사를 인수하고 나서 처음에는 어려울 때도 많았을 것 같습니다.

A "어려움이야 말로 다 설명 못하지. 우리끼리 하는 얘기로 '전생에 죄를 가장 많이 지은 사람이 관광회사를 하고 그보다 죄를 조금 더 많이 지으면 항공사를 한다'는 얘기가 있어.(웃음) 회사가 커지고 손님들이 전 세계로 나가는 만큼 처음보다 걱정을 해야 하는 양은 더 늘어났지. 다만 지금은 여유가 조금 생겼다고나 할까. 하지만 어떤 문제든 발생하면 다가오는 충격은 똑같은 강도야."

관광업은 경기 영향뿐 아니라 국제 정세의 영향도 받는다. 중동에서 전쟁이 터졌는데 누가 성지 순례를 가고 천안함이 침몰하고 연평도가 폭격을 받았는데 누가 한국 관광을 하겠는가. 그래서 신 대표는 전 세계 각지에서 흘러나오는 조그마한 뉴스에도 촉각을 곤두세우지 않을 수 없다.

날씨는 또 어떤가. 모객은 끝나 출발 날짜만 기다리고 있는데 아이슬란드 화산이 폭발해 비행기 운항이 중단되고 서유럽에 폭설이 내려 공항이 폐쇄됐을 때의 아슬아슬함이란 겪어보지 않은 사람은 모른다. 그래서 신 대표는 "여행업은 하나님과 동업해야 한다"고 생각한다.

"제일 곤란한 건 우리도 어쩔 수 없는 경우야. 우리 입장에서는 최선을 다했는데 발생한 사고지만 손님 입장에서는 회사 부주의처럼 보이는 경우지. 가이드의 작은 말 실수 하나가 때론 큰일을 만들기도 하고, 어떤 때는 왜 예약할 때 얘기해주지 않았느냐고 불평하기도 하지. 손님이 100명이면 100명이 기대하고 요구하는 수준이 다르잖아. 지금은 한 달에 만 명 가까이 투어를 나가니까 요구 사항이 만개가 있는 거고.

가령 여행 출발 당일 아침에 신용 카드 번호를 받아놓기는 하지만 우리가 쓸 수 있는 건 아니거든. 렌터카 빌릴 때 만일을 대비해 신용카드를 복사해두는 것과 같은 이치야. 근데 투어를 떠나고 막상 결제를 하려고 하면 실제 카드가 필요한데 카드를 안 갖고 다닌다고 우기는 경우가 있어. 불안해서 카드를 어떻게 갖고 다니느냐는 거지. 그런데 보통 현금을 갖고 다니기 불안하니까 카드를 쓰는 거잖아. 온갖 종류의 손님들이 다 있어."

그래도 이 정도는 점잖은 경우라 했다. 진짜로 당황한 건 손님들이 무리한 요구를 할 때다.

"투어를 다니다 보면 버스가 고장 나는 경우가 있어. 우리도

수리하고 정비한다고 하지만 워낙 장거리를 뛰다 보니까 그런 경우가 있어. 최근에는 2박3일 여행을 다 마치고 돌아오는 길에 버스가 고장 나 LA도착이 좀 늦어졌는데 경비 전액을 환불해달라고 하는 거야. 손님들이 합리적인 수준을 요구하면 우리도 충분히 들어줄 수 있는데 막무가내로 그러면 참 곤란해. 그럴 때는 약관이나 법에 의해 해결하면 가장 좋은데 우리가 먼저 법적으로 하겠다고 하면 한국 손님들의 정서상 '몹쓸 회사'로 낙인찍히고 말아."

신 대표는 관광은 무형의 상품과 서비스를 팔기 때문에 이미지를 먹고 산다고 했다. 그래서 "돈은 손해 보더라도 절대 손님들의 마음을 잃어서는 안 된다"고 했다. 신 대표의 '마음을 얻기 위한 경영'은 실제 투어 현장에서 그대로 드러난다.

출국 앞두고 여권 분실한 할머니 지나친 요구에 아들이 "그만 좀 하세요"

"한번은 이런 일도 있었어. 할머니 부부, 아들 부부가 서부 대륙 4박5일 관광을 갔다가 샌프란시스코에서 출국하기로 돼 있었어. 마지막 코스인 샌프란시스코 '39번 부두'에서 관광하는데 가이드가 소매치기가 많으니 가방을 놓고 가라고 했어. 그런데 기사가 잠깐 커피를 마신다며 자리를 비웠는데 그 사이 좀도둑이 버스에 올라 앞줄 몇 군데 가방을 갖고 도망갔지 뭐야. 잃어버린 가방 가운데 할머니 여권이 들어있었나 봐. 어쩔 수 없이 다른 식구들은 먼저 출국하고 여권을 만드는 동안 할머니하고 아들이 버스타고 LA까지 내려오는데 피해 규모가 점점 불어나는 거야. 처음에는 잃어버렸다고 한 게 작은 지갑이었다고 했는데 LA에 올 때쯤에는 아예 이민 가방을 잃어버렸다고 하더라고. 여권 만들어 주고, 호텔이며 식사 다 제공했는데 할머니가 갑자기 박수를 '딱' 치더니 지리산에서 특별히 지은 심장병 약 100알도 그 지갑에 들어 있었다는 거야. 1~2알 밖에 안 먹었는데 그게 한 알에 10만 원짜리라는 거야. 그제야 아들도 너무 심했다 싶었던지 '엄마 그만 좀 하세요' 라고 하더라고. 그래서 일이 대충 그쯤에서 마무리됐어."

필자가 '참 나쁜 할머니' 라고 하자 신 대표는 "사람 심리가 다 그런 것 아니냐"며 할머니를 원망하지 않는 눈치였다. 그러면서 그는 "여행업은 사람을 상대하는 일이다. 물건을 파는 게 아니라 서비스를 팔아 손님의 마음을 얻는 일"이라고 재차 강조했다. 그는 또 "손님이 불만 사항을 제기하면 삼호관광의 대표 입장에서 방어를 하기도 하지만, 만약 내가 그 손님의 형제자매 입장이라면 어떨지 생각해본다"고 말했다. 그렇게 되면 십분 이해되는 부분도 있고 보상을 해 드려도 빼앗기는 기분이 들지 않는다는 것이다.

신 대표가 손님 입장을 너무 잘 이해해주는 편이어서 직원들은 신 대표가 손님과 직접 만나는 것을 좋아하지 않는다고 했다. 이렇게 손님들이 불만을 제기하는 경우도 있지만 가끔은 예상하지 못한 일들이 벌어지기도 한다. 지난 2010년에는 여행에 나선 산모 2명이 버스 투어 도중 그랜드캐년과 라스베이거스에서 아기를 출산하는 경우도 발생해 난리가 난 적도 있다.

딱딱한 얘기만 한 것 같아 화제를 돌려 분위기를 한번 바꿔봤다. 평소 회사 사무실 자리를 지키는 모습이 익숙해 여행은 좀 다니는지 궁금했다.

"가장 좋아하는 곳은 알래스카"

Q 관광회사를 운영하고 있지만 여행을 많이 다니지는 않는 것 같습니다. 개인적으로 가장 좋아하고 추천하고 싶은 여행지는 어디인가요?

A "솔직히 내가 여행을 간다면 직접 차를 몰고 갈 거야.(웃음) 어떻게 설명하면 될까. 여행사에서 제공하는 패키지여행을 기성복이라고 한다면 자유여행은 맞춰 입는 것 정도가 되지 않을까. 기성복도 좋지만 맞춰 입는 옷은 얼마나 편하고 좋아? 하지만 미국은 모르는 사람이 와서 차를 몰고 다닐만한 여행지는 아니지. 사는 사람이 아니라면 패키지 없이는 여행하기 힘든 곳이야.

그나마 한국 손님들에게 다행인 것은 LA가 아시아 태평양 지역에서 미국으로 들어오고 나가는 관문이라는 점이지. 거기다 한 시간 이내 거리에 유니버설스튜디오와 디즈니랜드 같은 테마공원이 있고 라스베이거스나 그랜드캐년 등 천혜의 관광지와 맞물려 커다란 관광시장이 형성돼 있어. 해외에서 한인들이 가장 많이 모여 사는 한인타운이 있는 곳도 이곳에 있고, 이런 곳에서 관광업을 시작한 나는 아무래도 하나님과 동업하는 사람이 맞기는 맞나 봐.

개인적으로 가장 좋아하고 좋았던 여행은 5박6일 동안 알래스카를 혼자 다녔을 때야. 알래스카는 때 묻지 않은 자연이 그대로 살아 있고, 백야(白夜)가 있지. 그 스산하면서도 한산한, 그리고 비가 막 내린 다음의 상쾌한 날씨를 언제든지 감상할 수 있는 곳이 알래스카야. 그 좋은 공기, 그 색깔, 오래 있으면 우울하지만 여행하기는 딱 좋은 곳이지."

그런 면에서 신 대표는 패키지여행을 좀 더 다양화하고 자유여행에 가깝게 상품을 구성할 필요가 있다고 했다. 자유여행을 원하는 손님들이 점점 더 많아지고 있기 때문이다.

"먹고 살기 위해 가이드하면 안 돼 … 자부심이 있어야"

Q 삼호 가이드들 가운데 명문대 출신의 '엘리트' 가이드들이 많습니다. 좋은 가이드들을 채용하는 비결은 무엇입니까?

A "학벌 좋은 가이드가 많은 건 사실이지만 절대 학벌을 기준으로 가이드를 채용하는 건 아니야. 자신 있게 말할 수 있는 건 삼호관광의 가이드 되는 건 쉽지 않다는 사실이지. 삼호 가이드가 되는 조건은 까다로워. 삼호 가이드가 되면 평균 연봉 8만 달러에 401(k)와 같은 직장인 은퇴연금, 건강보험Health Insurance, 직원상해보험 등이 제공되기 때문에 얼마든

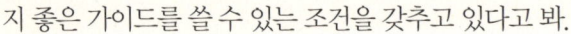

지 좋은 가이드를 쓸 수 있는 조건을 갖추고 있다고 봐. 나는 2가지를 봐. 우선 가이드는 자부심을 갖고 일을 할 수 있는 사람이어야 해. 이것저것 하다가 다 실패하고 먹고살기 위해 가이드가 돼서는 좋은 가이드가 될 수 없어. 둘째로 가이드는 자신의 수입을 '컨트롤' 할 수 있어야 하고 손님들과 함께 즐길 수 있는 끼가 있어야 해. 영어를 할 줄 알고 취업에 결격사유가 없어야 하고 미국 생활 경력이 좀 있어야 하는 건 기본이지. 미국에 온 지 얼마 되지도 않고 영어도 못하면서 관광객을 안내한다는 건 말이 되지 않지."

사실 신 사장은 가이드들에게 매우 엄격하다. 고객들로부터 좋은 평가를 듣는 가이드에게 일을 더 많이 맡기고 그렇지 못할 경우에는 가차 없이 일을 주지 않는다. 투어를 나가면 받게 되는 기본 급여와 손님들로부터 받는 팁, 그리고 각종 옵션 상품 판매에 따라 수입이 결정되는 가이드들에게 일이 주어지지 않는 건 '굶어죽으라'는 소리와 다름없다. 삼호 외에 투어 나가는 가이드에게 기본 급여와 은퇴연금, 건강보험 및 직원상해보험 등을 지급하는 관광회사는 없다는 게 업계 정설이다. 그리고 이것이 가이드들이 삼호에서 일하고 싶어 하는 큰 이유 중 하나다.

그래서 삼호에는 '껄렁껄렁한' 가이드가 없다. 복장부터 타사 가이드들과 차이가 난다. 여행 첫날은 반드시 정장에 넥타이를 매고 투어 기간 중에는 매일 옷을 바꿔 입는다. 손님들이 가이드만 쳐다보고 있는데 매일 같은 옷을 입고 나타난다는 건 손님들에 대한 예의가 아니기 때문이다. 부장급의 중고참 가이드가 선배 가이드로부터 복장 불량으로 혼나는 장면을 목격한 적도 있다. 그래서 한국이나 동남아 등으로 이미 여러 번 투어 패키지를 다녀온 경험이 있는 관광객들 가운데는 삼호 가이드의 지적이고 점잖은 면을 보고 놀랄 수도 있다. 신 대표는 최근에는 한국인이 아닌 영어가 모국어인 타인종 가이드 투어를 구상하고 있다.

"1년 내 영어 전용 외국인 가이드 채용 계획할 것"

"영어 얘기가 나왔으니 말인데 1년 안에 외국인 가이드를 채용할 예정이야. 5박6일 투어 동안 한국어는 한마디도 안하고 영어로만 안내하게 되는데 한국에 그 수요가 있다고 봐. 외국인 가이드와 함께 미국을 여행하면서 소설을 한권 떼는 거지. 하루 한 시간씩 마크 트웨인의 '톰 소여의 모험'을 영어로 읽고 존 스타인벡의 고향이자 작품의 배경이 된 살리나스를 지날 때는 '분노의 포도'를 읽는 식이지. 한국에서 지금 학생들 사이에 영어 배우기 열풍이 뜨거운데 수요가 반드시 있을 거야."

원래 한 번 계획을 세우면 오래도록 곱씹지만 일단 결정을 내리면 밀어붙이는 스타일인 신 대표는 이미 구체적인 시간 플랜과 채용 계획까지 세워놓았다.

"최근 캘리포니아 주정부 재정 사정이 나빠지면서 일자리 없는 교사들이 넘쳐나잖아. 이들이라면 충분히 가이드를 할 수 있고 실제로 많이 지원할 거야. 미국인 교사들이 가이드 하는 날에는 '한국어 못함'이라고 광고할 거야. 하지만 '화장실 가고 싶다'는 표현 정도는 미리 알려줘야지. 영어를 공부하고 다른 시각의 양식과 문화를 배우면서 미국을 여행하는 새로운 테마 여행 상품이 될 거야."

모국관광과 의료관광을 미리 준비해놓고 있다가 적당한 시기에 출시해 대박 상품으로 키워 낸 그의 주도면밀함에 다시 한 번 무릎을 탁 치는 순간이었다. 사실 요즘 미국에는 재정 적자로 공립학교의 수업들이 줄어들고 덩달아 불필요해진 교사들이 해고되고 있는 실정이다. 교사들의 초봉이 4~5만 달러라고 할 때 가이드 평균 연봉이 7~8만 달러인 점을 고려하면 적지 않은 교사들이 가이드로 지원할 가능성이 높다. 적어도 LA 지역 교사들은 한국 학생들의 우수성과 학습에 대한 열정이 얼마나 뜨거운지 이미 학교에서 직접 눈으로 확인했기 때문이다.

이날 대담은 마른 오징어와 소주를 곁들여 진행됐는데 신 대표는 이쯤에서 얼굴이 불그스름해졌다. 화제는 자연스럽게 신 대표의 경영 철학으로 넘어갔다.

"얼마 전에 보니까 한국의 대형 백화점 대표가 15년 전에 내가 사용하던 광고 카피를 사용하더라고. '내 금고에는 돈이 필요 없다. 손님 마음만 있으면 된다. 그러면 기업은 절대 망하지 않는다. 돈은 사람을 배신하지만 마음은 배신하지 않는다' 는 거야. '삼호=좋은 회사' 라는 생각이 손님 생각에 각인 돼 있으면 회사는 절대 망하지 않아.

또 있어. '직원이 행복해야 손님이 행복하고, 그래야 내가 행복하다' 는 거야. 가이드 가운데 가끔 손님 욕을 하는 경우가 있어. 그러면 내가 그래. '손님이 나쁜 게 아니라 네가 나쁜 거' 라고. 반대로 '가이드가 나쁘다' 고 손님들이 느꼈다면 손님들이 나빴던 거야."

"소년소녀 가장 데려 오고 무료 관광시켜주는 건 빚을 갚는 과정"

듣다보니 성경에서 많이 듣던 얘기 같다. "그러므로 무엇이든지 남에게 대접을 받고자 하는 대로 너희도 남을 대접하라 이것이 율법이요 선지자니라."(마태복음 7:12) 신 대표는 이어 소년소녀 가장 초청 미국 관광과 1,000명 초청 무료 관광에 대해 얘기했다. 여기에 대해 신 대표는 하고 싶은 얘기가 많은 듯했다. 분위기는 다시 진지해졌다.

"내가 소년소녀 가장을 데려오고, 1년에 한 번씩 무료 관광을 시켜주는 데는 이유가 있어. (이쯤에서 신 대표는 다시 소주잔을 기울였다.) 난 말이야 빚을 진 기분이야. 무슨 말이냐 하면 나는 큰 노력을 하지 않았지만 손님들이 그냥 나를, 삼호라는 회사를 키워준 것 같단 말이야. 내가 지금 이런 집에서 살게 해 주고 키워준 게 손님들이라는 얘기지. 좀 거창한 것 같지만 미주 한인 사회를 작게 나누면 회사들이 있고 저마다 조직이 있지만 큰 틀에서 보면 다 '우리'라는 틀 안에 있는 거 아니야?"

"보험은 회사뿐 아니라 손님을 보호하는 장치"

Q 미주 한인 사회에는 삼호관광뿐 아니라 여러 관광회사들이 있습니다. 삼호관광이 이들과 차별화되는 점은 무엇입니까?

A "우리 회사를 다른 회사와 비교한다는 건 조심스러운 문제야. 회사마다 장점이 있고 잘하는 부분이 분명 있어. 다만 우리 회사는 그 동안 여행업계에 쌓여있던 고정된 틀이나 불법적으로 자행되던 각종 관습들을 깨뜨리는 데 노력해왔다는 점이지. 더 이상 자세히 얘기할 수 없지만 이 바닥의 소위 말하는 '구정물'을 묻히지 않으려고 노력해왔는데 그런 게 힘들었어. '악화가 양화를 구축한다'는 그레샴의 법칙처럼 여행업을 하면서 더 나은 걸 지양했는데 그러지 못한 게 들어와서 자리 잡는 걸 보는 게 힘들었어. 아직도 개선해야 할 부분이 많아."

말이 나온 김에 보험 관련 내용에 대해 물어봤다. 삼호관광이 손님들을 보호하기 위한 보험에 가장 많이 가입하고 있기 때문이다.

"우리가 1년에 내는 보험료만 한 2~3억 원 될 거야. 그런데 한 번도 쓴 적이 없어.(웃음) 아깝다는 얘기가 아니야. 보험을 쓰지 않는 게 좋은 거 아니야? 관광회사가 보험에 가입하지 않는다는 얘기는 큰 사고가 나면 문을 닫겠다는 얘기와 다를 바 없어. 가령 관광 중에 사고가 나면 회사에서 보상을 해 주겠지만 그래도 분명히 소송이 들어와. 보험은 손님을 보호하는 장치이기도 하지만 회사를 보호하는 것이기도 해. 어떤 비바람이나 폭풍이 와도 앞으로 전진하겠다는 의사 표시야. 내가 은퇴를 해도 '삼호'라는 버스는 계속 갈 수 있도록 하겠다는 의지의 표현인 거지."

이틀 뒤 재무담당 이사를 통해 삼호가 가입하고 있는 보험 목록을 받았다. 여기에는 버스 사고 시 손님들에게 최대 1,000만 달러를 보상하는 '버스보험'과 미국과 캐나다는 물론 전 세계에서 여행 중 사고가 났을 때 최고 1,000만 달러를 보상하는 종합 보험 등이 10개나 나열돼 있었다. 이것들은 모두 2010년 12월에 마지막으로 갱신됐는데 보험회사가 '취리히' Zurich, '스테이트 펀드' State Fund 등 이름만 대면 알만한 곳들이었다.

특히 눈에 띄는 건 투어 '어레인지' Arrange 때 생길 수 있는 '에러' Error 나 '생략' Omission 으로 인한 피해보상도 포함됐다는 점이다. 손님들에게 약속한 여행 상품을 제대로 지키겠다는 의지의 표현으로 해석되는 부분이다. 신 대표는 이것도 부족하다며 고객과 회사를 보호할 수 있는 새로운 보험에 더 가입하겠다고 했다.

손님뿐 아니다. 직원에게 제공하는 복지 혜택도 업계 최고 수

준이다. 직원들에게 건강 보험과 상해보험은 물론 관광회사로는 최초로 '직장인 은퇴 연금' 401k 제도를 도입해 경쟁사 직원들의 부러움을 사고 있다. 연휴가 끝나면 직원들에게는 특별 보너스를 제공하는 것도 인상적이다. "남들이 쉬고 가족들과 여행 떠날 때 우리 직원들은 평소보다 더 많이 일하고 가족들과 시간을 보내는 시간을 희생했기 때문"이라는 게 신 대표의 생각이다. 그는 "나도 가이드 시절에 연휴 때 가족과 시간을 못 보낸 게 미안하고 아쉬운 기억으로 남아 있다"고 말했다.

**"세금 제대로 내고 법 테두리 안에서 영업해야
다 같이 보호받아"**

세금을 제대로 보고하는 것도 삼호가 타 관광회사와 차별화되는 부분이다. 관광회사는 업종의 특성상 현금 거래가 많다. 적지 않은 손님들이 현금으로 여행 대금을 결제하기 때문이다. 그래서 하루에도 몇 만 달러의 현금이 오고가는 곳이 여행사다. 카드 결제야 어쩔 수 없지만 현금 수입은 스스로 보고하지만 않으면 국세청 IRS에서도 제대로 파악하기 힘든 건 한국이나 미국이나 똑같다. 그렇지만 삼호는 매일 저녁 시간 이렇게 입금된 현금을 은행에 고스란히 입금해 IRS가 삼호 매출 실적을 적나라하게 파악할 수 있도록 하고 있다. 이렇게 제대로 세금 보고를 하는 일이 회사가 한 단계 더 크게 성장할 수 있는 초석이 될 것이란 사실을 신 대표도 처음에는 예상하지 못했다.

"난 처음부터 세금 보고는 정확하게 해야 한다고 생각했어. 그게 법이고 정도이기 때문이지 다른 이유는 없어. 그런데 세금을 제대로 보고하면서 그게 회사의 파워가 됐어. 1년 동안 내는 세금이 얼마니까 회사의 볼륨이 어느 정도 된다는 게 서류에 그대로 나타나는 거 아니야? 그게 미국 회사들과 거래를 트는데 도움이 됐지. 상대 회사가 우리를 정확하게 파악할 수 있는 거잖아."

이런 신 대표의 '고지식함'에 불만을 표시한 직원들에게 신 대표가 "밤에 발 뻗고 편하게 잘래 아니면 돈 쌓아놓고 불안해서 잠도 못 잘래?"라고 소리쳤다는 건 잘 알려진 얘기다. 미국 회사와의 거래 얘기가 나온 김에 라스베이거스 벨라지오 호텔 Bellagio Hotel 입성에 대해 물어봤다. 세계 4대 명품 호텔로 꼽히는 벨라지오와 삼호관광이 패키지 관광 손님 숙박에 대한 계약을 체결한 것이다. 벨라지오가 단체 손님을 받은 적은 있지만 매주 고정된 날짜에, 연간 단위로 계약을 한 것은 삼호가 처음이라는 게 신 대표의 설명이다. 삼호관광이 벨라지오와 계약을 맺었다는 소식은 한인 관광 업계뿐 아니라 관광 산업 전체에 큰 뉴스거리가 됐다.

Q 라스베이거스 최고급 호텔인 벨라지오와 관광업계 최초로 계약을 맺었습니다. 기존의 '뉴욕뉴욕'이나 '룩소' 호텔도 4성급으로 충분히 고급인데 벨라지오에 들어간 이유가 있을

텐데요.

A "우리 같은 관광인이 제일 잘 하는 게 호텔과의 거래, 식당 거래야. 손님 개인으로는 못하는 걸 관광회사는 할 수 있잖아. 좋은 호텔에 좋은 가격으로 묵게 해주는 게 우리가 할 일이라고 생각해.

처음 관광업을 할 때는 전부 싸구려였어. 그때는 무조건 가격을 깎고부터 봤지. 그러니 관광객들이 몰리는 연휴나 대형 컨벤션이라도 열리면 라스베이거스는 물론이고 인근 볼더Boulder에서도 방을 못 구해 아예 네바다 주 밖으로 나가던 시절이었지. 라스베이거스에 관광을 갔는데 타주에서 묵는다는 건 말이 안 되지.

그렇지만 삼호는 한 번도 가격에 '덤핑'을 친 적이 없어. 손님 입장에서는 돈을 좀 더 주더라도 좋은 식당에 밥 먹고, 좋은 호텔에서 자면서 손님을 귀하게 만들어주고 싶었어. '아무데서나 자면 어때' 하는 생각을 안 한 건 아니지만 한국 사람으로서 전 세계 어디를 가더라도 3류 싸구려 손님이 돼서는 안 된다는 생각을 했어.

그래서 한인 관광회사로는 맨 처음에는 '플라밍고'에 들어갔고 다음에 룩소, 뉴욕뉴욕에 손님을 묵게 했지. 그런 식으로 관광의 수준을 높였더니 다른 회사들도 자연스럽게 따라왔어. 여행의 질을 높이기 위해 꾸준히 노력해온 게 벨라지오까지 이어진 거지." 〈3장 브라이스·자이언·그랜드캐년 참조〉

"손님들에게 더 좋은 식사와 호텔 제공하는 건 관광인이 당연히 해야 할 일"

여행의 질 향상 관련해서는 '태양의 서커스'와의 직거래도 빠질 수 없다. 이전까지 라스베이거스를 관광하면 한인 관광회사들은 발리 호텔의 '주빌리' Jubilee 쇼만 봐야 했다. 하지만 삼호가 처음으로 태양의 서커스 공연을 선보이기 시작했다. 캐나다 몬트리올에 본사를 둔 태양의 서커스는 최근 한국에서도 '바레카이' 쇼를 히트시켜 한국인들에게 잘 알려진 연매출 8억5,000만 달러(2010년 기준)의 세계 최대 공연예술회사다.

"한 2년 됐나. (신 대표가 기억을 더듬자 배석한 하 상무가 2009년 10월쯤이라고 말했다.) 미팅 한 번 성사시키려고 10번을 요청했지. 미팅은 어렵게 성사됐지만 계약까지 가기도 쉽지 않았어. 우리가 내 건 조건이 당일에 예약할 수 있게 해 달라는 거였거든. 'KA' 쇼 공연을 개인적으로 보려면 3~4주 전에 예약해야 하는데 미국 담당자들이 이해를 못하는 게 당연하지. 하지만 우리 '히스토리'(기록)가 너무 좋았어. 그래서 당일 12시까지 예약을 하기로 최종 얘기가 됐지. 태양의 서커스가 관광회사와 단체 손님 계약을 맺은 건 우리가 처음이야."

신 대표의 설명을 들으니 라스베이거스 관광을 갈 때면 가이드들이 서둘러 '르 뢰브'나 'KA' 쇼 같은 태양의 서커스단 쇼 관람 신청자를 받는 게 이해가 됐다. 손님들의 마음을 조급하게 해 쇼를 보도록 만들게 위한 게 아니라 태양의 서커스

측과의 계약이 그렇게 돼 있기 때문에 어쩔 수 없이 서둘러야 한다는 걸 말이다. 관광회사로는 삼호만이 단독으로 들어가는 '르 뢰브' Le Reve 쇼에 대한 설명이 이어졌다.

"르 뢰브는 윈호텔Wynn Hotel을 다시 뚫어야 했어. 르 뢰브 역시 태양의 서커스가 공연하는 건 같지만 소유나 운영은 윈호텔이 갖고 있기 때문이지. 윈 호텔에서 열리는 르 뢰브 쇼도 관광회사로는 우리하고만 단독으로 계약을 한 거야. 지금은 다른 관광회사들도 르 뢰브에 들어가지만 우리는 윈호텔과 직접 거래하는 거고, 다른 여행사는 브로커들로부터 티켓을 구입하는 거야. 가격도 손님들이 인터넷을 통해 개인적으로 구입하는 가격에 맞췄는데 티켓 구입비와 공연장까지 데려다 주고 모시고 오는 것까지 포함하면 삼호를 통해서 보는 게 더 싼 거야."

실제로 6월 현재 인터넷 사이트를 통해 KA 쇼 티켓을 구입하면 '카테고리 B'석이 130달러이고 '르 뢰브' 쇼는 130~160달러인데 삼호는 인터넷 판매 가격과 같은 수준으로 손님을 모시고 있다. 공연이 끝난 뒤 호텔까지 리무진 택시로 데려다주는 비용과 인터넷으로 티켓을 구입했을 때 내야 하는 10%의 수수료를 포함하면 삼호를 통해 쇼를 관람하는 게 이익이라는 신 대표의 말이 틀린 게 아니다.

Q 올해부터 한국에서도 적극적으로 미국 관광객을 모집하고 있습니다. 이런 결정을 하게 된 배경은 무엇입니까?

🅐 "이건 좀 복잡하면서도 예민한 문제야. 한국에는 '랜드'라는 직업이 있어. 한국 여행사와 미국 여행사의 중간 역할을 하는 건데 지금은 하나의 직업군으로 자리 잡았어. 옛날에는 외국과 연락하는 방법이 국제전화나 팩스로 주로 했는데 이 사람들이 양쪽을 오가면서 연락책 역할을 했지.

한국의 대형 여행사들이 미주 지역 한인 여행사와 직접 거래를 하는 게 아니야. 중간에 랜드들을 통해 거래해. 일반 기업에 비유하면 대기업이 있고 그 밑에 하청을 따서 나눠주는 회사가 있고 실제 하청회사가 있는 3단계 구조야. 현지 여행사 입장에서 보면 상전이 둘이나 되는 셈이라고 할까.

근데 한번 곰곰이 생각해봐. 미국 관광, 그 중에서도 서부 관광을 누가 개발하고 발전시켜야 해? 한국 여행사에는 30~40대의 각 지역 팀장들이 있는데 이들이 현지인만큼 미국을 알겠어? 3~5년 정도 하면 자리가 바뀌고 기껏해야 미국 한두 번 경험 삼아 다녀간 게 전부야. 그래 가지고는 미국의 현지 환경 변화를 제대로 알 수가 없거든. 미국 여행을 발전시키겠다는 사명이 우리만큼 없다고 봐야지. 서울에 있는 대형 여행사들은 가격 경쟁이 현안이기 때문에 상품개발이나 품질향상에 들이는 노력은 우리만 못한 것 같아.

다시 랜드 얘기로 돌아와 봐. 랜드들은 서울의 여행사와 현지 여행사를 연결해주는 몫으로 커미션을 받는데 여러 개의 여행사를 거래하면서 일정액의 커미션을 받아. 대형 여행사는 랜드와 계약을 하고 랜드는 현지 여행사와 계약하는 이런 구조에서 현지 여행사들은 랜드들의 요구 사항을 따를 수밖에 없어.

"서울에서는 미국 사정 잘 몰라 …
미국 사정은 현지 여행사가 제일 잘 알지"

예를 들어 볼까. 몇 년 전 서울에서 신상품이 나왔는데 그게 미국 법에 어긋나는 상품이었어. 그 일정을 맞추기 위해서는 운전기사가 시간 외 노동을 해야 하는데 법으로 그걸 못하도록 해놓고 있어. 왜냐? 기사가 과로해서 버스 사고 나면 이건 정말 큰일 나는 거니까. 미국 현지 사정 모르고 답사도 제대로 안하면서도 워낙 경쟁이 치열하니까 이런 식으로 상품이 나오는 거야. 그런데 그런 상품을 이곳 현지 여행사들이 받아서 영업을 하고 있어.

내가 보기에 그런 회사들은 '영업허가증' Seller of Travel 도 제대로 갖고 있지도 않은, 내일 문을 닫아도 하나도 이상하지 않은 회사들이야. 영업허가증을 받으려면 100만 달러 이상의 펀드나 '트러스트 어카운트' 를 개설해야 해. 여행자들을 보호하기 위한 최소한의 법적 조치인 셈이지. 보험도 가입해야 하고. 하지만 손님 입장에서는 내용도 모르고, 단지 싸다는 이유만으로 언제 문 닫을지도 모르는 그런 회사를 이용하고 있는 실정이야. 손님은 충분히 안전하게 여행할 권리가 있어. 상품은 무궁무진해. 만들고 개발시켜 나가야지. 한국에서는 옐로스톤 Yellowstone 국립공원이나 태평양 기차 여행, 세도나

Sedona 같은 상품은 없어. 한국에서는 5박6일 같은 '메이저' 상품밖에 팔 수 없어. 실제로는 미국 현지의 상품 종류가 정말 다양한데 말이야. 관광회사들은 고객들에게 좀 더 나은 코스를 제공하고 좋은 여행이 될 수 있도록 노력해야 해."

신 대표는 "같이 발전하기 위해서는 경쟁을 해야 한다. 그래서 손님들에게 더 좋은 상품과 서비스를 제공해야 한다"고 재차 강조했다.

그렇지만 한국에서 미국에 있는 여행사와 직접 접촉할 경우 얻을 수 있는 이득이 적지 않다는 사실은 쉽게 짐작 가능하다. 실제로 삼호관광은 서울지사를 통해 'LA 1박+현지 합류 상품'을 판매하고 있는데 이는 관광객들이 '각자 알아서' 항공권을 구입한 뒤 LA에서 합류하는 방식이다. 가장 인기 있는 ▲서부 대륙 6박7일이 545달러(2011년 6월 현재) ▲요세미티·샌프란시스코 3박4일은 335달러 ▲그랜드캐년·라스베이거스 3박4일은 325달러로 항공권만 저렴하게 구입한다면 '이보다 더 좋은' 가격은 있을 수 없는 셈이다.

지금은 비단 여행사를 통하지 않더라도 인터넷이나 '소셜 커머스' 등 다양한 방법으로 얼마든지 저렴한 항공 가격을 손님들이 직접 뽑을 수 있어 기존 상품보다 훨씬 저렴하다는 것을 인터넷을 통해 한번이라도 관광 상품 쇼핑을 해 본 독자라면 쉽게 알 수 있다.

"한국에 성공한 모습 보여주고 싶다는
한인들 욕구 만족시켜주니 모국관광 자연히 히트"

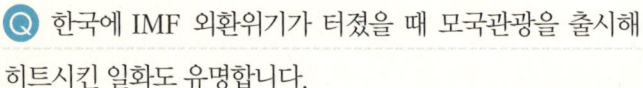 한국에 IMF 외환위기가 터졌을 때 모국관광을 출시해 히트시킨 일화도 유명합니다.

"모국관광에 대해서는 할 얘기가 많아. 한국 사람이 한국으로 관광하러 간다는 게 어찌 보면 모순이지. 근데 미국에 이민 와서 자식들 공부시키고 뒷바라지 하다보면 20년, 30년 금방 지나가는데 그 동안 한 번도 한국에 못 가본 한인들이 부지기수였어.

가고는 싶은데 현실이 녹녹치 않아 당장 먹고 사는 것도 쉽지 않을 경우가 많았지. 김포공항에서 친구들과 작별할 때는 '짜식들, 내가 성공해서 다시 돌아올 때는 너희들 다 죽었어'라고 속으로 생각하며 미국 왔는데 누추한 모습으로 갈 수도 없고 말이야.

그때가 1997년 봄이었으니까 한국에서 IMF가 터지기 전이지. 이런 사람들을 위해 모국관광 상품을 기획해서 계획을 잡아보니 4,000달러가 넘게 나오는 거야. 그래서 이거는 안 되겠다 싶어 책상 서랍에 그대로 넣어두었어.

그런데 그해 11월에 IMF가 터지너니 환율이 올라가지를 않나, 비행기가 텅텅 비어서 들어가는 거야. 그래서 넣어두었던 서류를 다시 꺼내 들었지. 그랬더니 최고급 호텔에서 묵으면서도 1,000달러보다 조금만 더 내면 되는 거야. 20~30만 원 하던 특급 호텔 방값이 5~6만 원으로 떨어진 데다 환율이

두 배 이상 뛴 덕분이지.

1998년 4월 첫 한 달에 260명이 모였는데 기대 이상의 반응이었어. 수십 년 만에 한국에 간 손님들이 롯데나 신라 같은 호텔에서 가족, 친지, 친구들을 자랑스럽게 부르고 만나는 데 고급 호텔 고집하기를 잘 했다고 생각했어."

신 대표는 IMF가 터지기 전에도 호텔은 최고급 호텔에서 묵어야 한다고 생각했다. 수십 년 만에 고국을 방문해서 만나는 친지, 친구들을 모텔급 관광호텔에서 만날 수는 없다는 게 예나 지금이나 그의 소신이다. 그래서 직원들의 반대를 무릅쓰고서도 경쟁 회사보다 200달러나 높게 가격을 책정해 롯데나 신라 등 최고급 호텔을 고집했다.

결과적으로 신 대표의 이런 판단은 적중해 모국관광 상품은 선풍적인 인기를 끌게 됐다. 경쟁사도 신 대표의 이런 판단에 합류해 전체적으로 모국 관광의 수준을 업그레이드 하는 계기가 됐다. 고객에게 더 좋은 상품을 제공하기 위한 기업의 노력이 좋은 성과로 이어진 경우다. 요즘 경영학계에서 화두가 되고 있는 감동과 배려 마케팅의 대표적인 사례로 꼽을 만하다.

간호사 상주시켜 죽어가는 의료관광 히트상품으로 부활

Q 의료관광을 정착시키는데도 삼호관광의 공이 컸습니다.

A "결론부터 얘기하면 의료관광이 정착하는데 결정적인

역할을 한 게 우리야. 사실 의료 관광은 죽은 거나 다름없는 걸 우리가 다시 살린 거지. 의료관광을 결정적으로 살린 게 뭐냐 하면 바로 간호사가 여행사에 상주하는 거야. 우리가 의료에 대해 뭘 알겠어?

그런데 타사들은 경쟁적으로 의료 관광에 뛰어들더니 곧 열기가 사그라지더라고. 이 때다 싶어 연대 강남 세브란스 병원을 파트너로 정하고 내가 직접 서울로 날아갔어. 2009년 3월부터 한국의 병원들이 해외 환자를 유치하도록 법이 개정되면서 대형 병원들이 경쟁적으로 해외환자 유치에 뛰어들 때였거든.

그리고 두 가지 조건을 내걸었어. '광고 문안 작성과 디자인은 당신들이 해라. 그리고 간호사를 한명 보내라. 대신 광고비랑 간호사 월급은 우리가 대겠다'고 했어. 관광회사와 의료를 연결하는 고리로 '간호사'를 생각한 거야. 관광회사는 의료에 대해 모르기 때문에 손님들이 궁금해 하는 내용을 전화로 상담해 줄 사람이 필요했던 거야. 간호사 없는 의료 관광이 무슨 소용이 있냐는 게 시작부터 내 생각이었어. 병원 측에서도 손해가 아닌 조건이어서 쉽게 얘기가 됐지. 근데 그게 히트를 친 거야."

결국 신 대표의 이런 제안이 성사된 후 삼호관광의 의료관광은 히트 상품이 됐다. 지난 2010년 한 해 동안만 1,000명이 넘는 한인들이 연세대 강남 세브란스 병원에서 건강검진과

수술을 받고 돌아왔다. 삼호관광 사무실에 상주하는 세브란스 병원 간호사가 손님과 일일이 상담해 준 덕이 컸다. 이에 영향을 받아 경쟁사에서도 서울에 간호사 파견을 요청하기에 이르렀고 이제는 여행사에서 간호사를 보는 게 자연스런 일이 됐다. 삼호관광은 올 3월에는 단순 건강 검진에서 한발 더 나아가 보다 전문적인 치료를 한국에서 받기 원하는 한인들을 위해 안과나 피부 미용과 등 한국의 유명 전문 병원과 협약을 맺고 새로운 차원의 의료 서비스를 제공하기 시작했다.

원래 2시간으로 예정했던 인터뷰는 시간을 훌쩍 넘겨 시계는 밤 11시를 향해 가고 있었다. 테이블에는 소주병이 2개로 늘었고 구운 오징어만 있던 테이블에는 신 부사장이 가져다 준 캘리포니아 롤과 과일 등으로 가득 찼다.

Q 여행 상품 개발은 어떤 식으로 진행됩니까?
A "손님 의견을 많이 듣고 주변 전문가들의 얘기를 들어봐. 그리고는 간부 미팅을 통해 나오는 아이디어로 직접 현지를 답사하지. 나는 두 사람을 봐. 된다는 사람과 안 된다는 사람. 그런데 보면 말이야, 된다는 사람은 항상 되고, 안 된다는 사람은 안 되더라고. 나는 된다는 사람을 믿고 의지해."

Q 인생의 좌우명이 궁금합니다.
A "나는 인생에는 여러 번의 기회가 온다고 믿어. 누가 인

생에 3번의 기회가 있다고 했어? 내가 보기에는 하루에도 수백 번씩 기회가 지나가는데 내가 능력이 없고 준비를 못해서 잡지 못하는 것뿐이야. 열심히 준비하고 최선을 다해서 잡으면 돼. 그리고 돈을 쫓아가면 절대로 돈을 벌지 못해. 돈이 들어올 수 있는 주머니를 만들어 놓으면 자연스레 따라오는 게 돈이라고 생각해. 여자의 마음과 같다고나 할까. 무턱대고 여자를 쫓아가면 여자의 마음을 얻을 수 없잖아. 자신이 매력 있는 남자가 돼서 기다리면 여자가 따라오는 것과 같다고나 할까."

평소 언론에 나서기를 좋아하지 않는 신 대표였기에 과연 그가 어떻게 단기간에 삼호관광을 업계 최고 회사로 성장시켰는지 궁금했었는데 이번 인터뷰를 통해 그런 궁금증이 많이 해결됐다.

그는 누구보다 세상 돌아가는 정세며 사람들이 원하는 것을 정확하고 파악하고 있었고 그리고 그것들을 채워주기 위한 방안을 강구했다. 돈이 목적이 아니라 사람들의 필요needs를 충족했더니 사람들이 몰려들었고 거기에 친절한 서비스가 곁들여져 자연스레 '패키지로 여행하려면 삼호가 제일 낫다'는 인식이 서서히 퍼져나가기 시작했다.

인터뷰가 끝난 뒤 신 대표는 돈만 벌기 위해 이 사업을 하는 사람이 아니라는 확신이 강하게 들었다. 그렇다고 일에 대한 성취감을 얻기 위한 것도 아니다. 분명 그의 마음속에는 사람들이 행복해지는 커뮤니티와 사회를 만들고 싶다는 경영 철학이 자리하고 있었다. 그가 꿈꾸는 삼호관광은 '제일 돈 많이 버는 큰 회사'가 아니라 '고객들에게 기쁨을 주고 사랑을 받는' 그런 회사임이 분명했다.

LA 현지 한인 언론에 소개된 삼호관광

"한인 관광업계도 이제 주먹구구식 경영에서 탈피해 합법적인 테두리 안에서 체계적으로 운영돼야 합니다."
삼호관광(대표 신성균)의 고속 성장세가 눈부시다. 삼호관광은 신성균 대표가 지난 1995년 10월 신생 관광회사 '삼호'를 인수한 지 불과 15년 만에 연 매출액 5,000만 달러에 육박하는 업계 최대 종합관광 회사로 발돋움했다. LA 한인타운 올림픽과 놀만디 코너의 'VIP 플라자' 1층의 현 장소에서 시작한 사무실은 3배 이상 넓어졌고 서울 지사까지 포함해 직원 수는 100명을 훌쩍 넘어섰다. 여행지역도 서부지역 뿐 아니라 미 전체와 남미와 유럽 등 전 세계로 확대돼 명실상부한 종합 관광회사로 자리매김했다.

올 한해만 6만 명 관광

올 한 해 동안만 삼호를 통해 관광을 떠난 손님은 대략 6만 명(항공권 구입은 제외)으로 한 달 평균 약 5,000명이 삼호 이름 아래 전 세계 구석구석을 누볐다. 한인들의 필수 관광코스로 자리한 모국관광과 대한항공 항공권 판매에서는 수년째 선두를 질주하고 있다.
지난 3일 회사 사무실에 만난 신 대표는 고속성장 비결에 대해 "법적 테두리 안에 합법적으로 영업해 온 것"을 꼽았다. 신 대표는 "처음 인수할 때 사무실 크기가 기둥 한 칸이었다. 지금은 세 칸으로 확장됐다"며 "법적 테두리 안에서 체계적으로 경영하려고 노력한 것이 고속성장으로 이어졌다"

고 말했다.

신 대표에 따르면 한인 관광업체들은 지난 2005년 당시만 해도 독립계약자로 분류됐던 가이드들로부터 집단소송을 당했다. 삼호 역시 예외는 아니었다. 한바탕 홍역을 치른 삼호는 2007년 가이드들과 합의를 통해 소송을 마무리했고 이때부터 가이드들을 정식 직원으로 인정해 '페이롤' payroll 수표를 발급하고 있고 오버타임과 의료보험 및 401k 은퇴플랜 등의 각종 혜택을 제공하고 있다.

하지만 페이롤 체크를 통해 임금을 지급하면 가이드들은 소득이 고스란히 공개돼 20% 가까운 소득세를 내야하고 회사 입장에서도 페이롤 택스를 부담해야 해 상당한 부담으로 작용하는 게 사실이다.

신 대표는 그러나 "법적 테두리 안에서 합법적으로 경영활동을 하면서부터 회사가 더 성장하기 시작했다"며 회사 신용도가 올라가면서 대형버스 구입이 쉬워진 것과 등급이 높은 호텔에 손님들을 모실 수 있게 된 것 등을 예로 꼽았다.

고객에게는 최상의 서비스, 직원에는 최고 대우

신 대표는 삼호의 또 다른 성장비결로 손님들에게 최선을 다한 것과 지속적인 경영개선 노력에서 찾았다. 신 대표는 "관광은 서비스업이다. 한 달에 5,000명이 여행하면 5,000가지 컴플레인이 쏟아지는 게 관광업이다. 손님 한 명 한 명에게 최선을 다한 게 좋은 인상으로 남겨졌고 다른 손님을 데리고 다시 삼호를 찾는 밑거름이 된 것 같다"고 조심스럽게 말했다.

평소 책을 많이 읽는 것으로 알려진 신 대표는 독서를 통해 최신 경영기업을 배우고 실제로 도입하는 노력도 게을리 하지 않고 있다. 실제로 삼호는 한인업체로는 드물게 사원 지침서를 제작하는가 하면 가이드들을 위해서는 직무 내용 설명서를 만들어 손님들에게 수준 높으면서도 일관적인 서비스를 제공하고 있다.

500만 달러 상당의 여행보험을 포함해 10개 이상의 각종 보험에 가입해 만에 하나 발생할 수 있는 위험상황으로부터 여행객들을 보호하고 있는 것도 '고객 최우선'이라는 신 대표의 경영 철학이 반영된 것이다.

신 대표는 끝으로 아내인 신영임 부사장에 대한 고마움도 잊지 않았다. "아내는 에너지가 넘치는 사람입니다. 예약과 광고, 부킹 등 회사 거의 모든 업무를 총괄하는 아내는 삼호를 움직이는 제일 큰 원동력이라고 할 수 있습니다."

〈미주 한국일보 2010년 12월 8일자 경제 5면〉

부록 02
LA의 숨겨진 보석 '그리피스 공원'
Griffith Park

흔히들 LA는 '천사들의 도시'로 불린다. 남미 쪽 카톨릭 신자들이 천사와 마리아를 워낙 좋아해 도시 이름이 '천사들'로 정해졌지만 그만큼 볼 게 많고 살기 좋은 곳이 LA이다.〈참고로 Los Angeles는 스페인어권 사람들은 '로스 앙헬레스'로 발음하는데 천사의 복수형이며 '천사들'(The Angeles)이라는 뜻이다. 캘리포니아가 미국 영토가 되기 전 오랜 기간 스페인과 멕시코 영토였기에 캘리포니아의 많은 지명들이 스페인어로 돼 있다.〉
그래서 한국이나 타지에서 여행 오는 사람들이 어디서부터 LA 여행을 시작할지 고민하는 것도 충분히 이해된다. 하지만 LA를 여행하는 사람들이라면 꼭 한번 들러봐야 하는 곳이 있다. 바로 그리피스 공원이다.
그리피스 공원은 개장한 지 114년 됐다. 그래서 1995년 지자체 실시 이후 우후죽순 격으로 생겨난 한국의 인공적인 도시 공원과는 차원이 다르다. 공원에 들어서는 순간 '아 공원이란 이런 곳이구나' 하는 생각이 절로 드는 곳이 그리피스 공원이다.

여의도 두 배 면적, 연간 1,000만 명 방문

그리피스 공원에서 바라본 LA시 모습. 멀리 태평양까지 남가주 일대가 한눈에 들어온다.

우선 공원 크기가 방문객들을 압도한다. 면적만 해도 대략 여의도의 두 배다. 공원 안에 500미터 높이의 산이 4개 이상이다. 그뿐 아니다. 그 안에 서울대공원 크기의 동물원과 대형 박물관, 천문대 등이 들어서 있다. 대자연과 사람의 건축물이 절묘하게 조화를 이룬다. 언제 가더라도 새롭게 느껴지면서 편안해지는 건 '어머니 자연' Mother Nature 이 그대로 살아 있기 때문이다.

이런 이유로 그리피스 공원을 한국 시 정부의 공무원들이 한번쯤 다녀갔으면 하는 생각이다. 한국의 많은 정부 기관 관계자들이 미국이나 LA를 방문하는 걸 취재한 적 있는데 주로 디즈니랜드나 유니버설 스튜디오를 들르곤 한다. 인공적이고 상업적인 테마파크 위주로 방문하니 한국에서 나오는 것들이 상업적이고 인공적인 것들이 많지 않나 생각된다.

이 정도 공원인 만큼 방문객이 끊이지 않는다. 보도에 따르면 그리피스 공원에는 연간 1,000만 명 이상이 찾는다고 한다. LA시민뿐 아니라 전 세계에서 관광객들이 몰려온다. 특이한 점은 외국 관광객 가운데는 독일어나 프랑스어를 쓰는 유럽계가 많다는 점이다.

그래서인지 천문대에서 헐리우드 산으로 올라가는 초입에 보이는 조그마한 숲의 이름이 '베를린 숲' Berlin Forest 으로 돼 있다. 아무래도 유럽 사람들에게 더 많이 알려진 듯하다. 한국인이나 중국인들은 외국 관광객이 아닌 이민온 현지인들이 더 많아 보인다.

1년 365일 무료입장

그리피스 공원의 또 다른 장점은 무료입장이라는 점이다. 여의도 두배 면적의 공원 부지를 기증한 그리피스 경은 공원이 무료로 운영돼야 한다고 생각했다. 자신이 사회로부터 빚진 것을 갚기 위해서는 공원이 돈을 받아서는 안 된다는 것이다. 한국의 일부 대기업 가운데 공원이나 놀이시설을 지어 돈벌이 수단으로 사용하는 것과는 대조적이다.

만성 재정 적자로 허덕이는 캘리포니아 주정부가 각종 주립 공원 입장료를 몇 년 새 서너 배로 올리는 것에 비하면 얼마나 고마운지 모르겠다. 그래서 언제든지 마음 내킬 때는 공원으로 갈 수 있다.

그리피스 공원의 시작은 '로스 펠리스' Los Feliz와 '펀 델 드라이브' Fern Dell Dr. 교차로다.

한인 타운에서 웨스턴 길을 따라 북쪽으로 15분 정도 올라가면 길이 오른쪽으로 굽어지면서 로스 펠리스가 되고 로스 펠리스가 만나는 첫 번째 교차로가 펀 델 드라이브다. '고사리 계곡' 이라는 이름처럼 왕복 2차선 아스팔트 도로 양쪽으로 고사리 같은 식물들이 자라는 게 보인다.

로스 펠리스는 스페인어로 '행복' 또는 '행운' 이라는 뜻으로 '펠리스 나비다' Feliz Navida(메리 크리스마스)할 때의 그 펠리스다. 하지만 길 이름은 그리피스 대령 이전의 주인이었던 안토니오 펠리스에서 따 왔다. 한 때 한국 프로야구 롯데에는 강타자 호세 펠리스가 활약했던가. 참고로 스페인어에서 'z'는 'ㅅ'으로 발음된다.

로스 펠리스 길에는 잔디가 잘 가꿔진 집들을 배경으로 조깅하는 사람들이 눈에 띄고 펀 델 드라이브에 들어서면 도로 오른쪽에 만들어진 산책길로 산책하는 사람들이 보인다. 핫팬츠에 탱크 탑까지 운동복을 제대로 갖춰 입은 젊은이에서부터 70대 노인들까지 누구나 편하게 운동하는 모습이 자연스러워 보인다.

운동하는 사람 가운데 적지 않은 이가 한국 사람이다. 산을 좋아하는 민족이라 주말이면 LA 시내에서는 유일한 도심 산인 헐리우드 산을 찾는 한국인이 적지 않다.

대충 여기 어디쯤에 차를 세워놓고 걷기 시작하면 된다. 나무들이 잘 가꿔져 있어 한낮에도 햇볕이 들지 않을 정도로 그늘이 많다. 나무들이 내뿜는 산소 덕분에 온 몸이 상쾌해진다. 길을 따라 걸어 올라가다 보면 첫 번째 '정지 신호' Stop Sign를 만나게 된다. 왼쪽으로는 주택가고 그냥 직진하면 산책 코스이자 등산로다.

그냥 지나칠 수 없는 '숲속 카페'

여기부터가 본격적인 공원의 시작이다. 정지 신호를 조금만 지나면 맨 처음 만나는 게 숲속 카페다. 이름하여 '트레일스 카페' Trails Cafe. 등산로에 있다는 의미로 이름을 절묘하게 지었다. 아침에 해가 뜨고 나서부터 해가 지기 전에만 문을 여는 관계로 필자는 최근에야 이 카페의 매력을 알게 됐다.

그리피스 공원이 시작되는 지점에 있는 Trails Cafe. 주말에는 가족과 함께 샌드위치로 '브런치'를 먹기에 좋은 곳이다.

젊은이 여러 명이 운영하는 이 카페는 커피도 커피지만 카페

옆과 뒤쪽으로 마련된 좌석들이 일품이다. 가족 단위로 음식을 즐길 수 있는 테이블은 물론이고 밀짚을 쌓아 만든 놀이시설은 동화 같은 분위기를 연출한다. 할로윈 데이 때는 커다란 호박을 비워 만든 사람 얼굴 모양 장난감 주변으로 금발의 백인 아이들이 노는 모습이 마치 한편의 동화를 보는 듯하다.

커피는 작은 사이즈가 1.5달러부터 시작해 5달러대의 샌드위치도 먹을 수 있다. 커피 한잔과 샌드위치를 시켜놓고 몇 시간 째 음악을 들으며 책을 읽는 모습이 마음을 푸근하게 해 준다. 트레일 카페에서 따뜻한 커피 한잔으로 몸을 데웠으면 이제부터 본격적인 산책이 시작된다. 경사가 심하지 않고 길이 넓기 때문에 초보자라도 쉽게 천문대까지 올라갈 수 있다. 차를 갖고 왔다면 천문대까지 올라가는 것도 좋은 방법이다. 천문대는 헐리우드 산의 거의 중간에 위치해 있는데 천문대부터 정상까지 걸어올라는 게 경치가 더 좋다.

잘 포장된 도로가 꼬불꼬불 이어지면서 천문대까지 닿는데 10분이면 충분하다. 운전 도중 옆으로 살짝살짝 보이는 LA의 풍경이 가히 예술이다. 초행길이라면 아예 중간에 적당한 곳에 차를 세워놓고 편하게 구경하고 가는 게 안전하다. 도로는 마치 서울의 남산 드라이브 코스나 북악 스카이웨이를 연상시킨다. 만약 천문대를 보지 않고 그냥 내려올 계획이라면 천문대 약간 못 미치는 삼거리에서 좌회전하면 된다. 신비로운 분위기를 연출하는 작은 터널을 빠져 나오면 곧바로 '버몬트 애버뉴' Vermont Ave.로 이어진다. 이 길을 쭉 따라 내려오면 다시 LA 시내다. 드라이브를 하는 데는 20분 정도 소요된다. 스트레스가 쌓일 때 간혹 이 도로를 따라 드라이브 하면 금세 기분이 좋아지는 걸 경험할 수 있다.

그리피스 천문대

정지 신호Stop Sign가 나타나는 삼거리 교차로에서 버몬트 애비뉴로 빠지지 않고 오른쪽으로 차를 틀어 조금만 올라가면 웅장한 모습의 천문대가 보인다. 돔으로 지붕을 한 아르데코 양식의 그리피스 천문대Griffith Observatory다.

아르데코 양식의 돔 지붕을 한 그리피스 천문대. '우주로 열린 창'이라는 별명답게 이곳에 오르면 우주와 바로 맞닿아 있는 듯한 기분이 든다.

혹자는 이 천문대를 'LA에서 우주로 열린 창'이라고 하는데 밤에 돔에 설치된 천체 망원경을 통해 우주를 구경하게 된다면 이 말에 공감할 수 있다. 가운데 제일 큰 돔을 중심으로 좌우 양쪽의 돔에서 금방이라도 우주선이 튀어나올 것만 같다.

실제로 이런 분위기 덕분에 헐리우드의 많은 영화 제작자들이 이곳을 SF 영화 촬영지로 사용했다.

제임스 딘은 왜 여기 있을까

천문대에서는 처음 만나게 되는 건 제임스 딘이다. '이유 없는 반항' Rebel Without Cause의 그 제임스 딘이다. 천문대 뜰 오른쪽에 제임스 딘의 흉상이 설치돼 있다. 반항기 가득한 얼굴 표정이 영화와 똑같다. 그럴 수밖에 없는 게 영화 표정을 보고 본을 떴기 때문이다.

제임스 딘 흉상. 제임스 딘이 주연한 '이유 없는 반항'(Rebel Without Cause)은 그리피스 천문대를 배경으로 촬영된 첫 번째 영화이다.

제임스 딘의 흉상이 여기 있는 이유는 '이유 없는 반항'이 1955년에 개봉했는데 영화의 주요 장면들이 이곳 천문대에서 촬영됐기 때문이다. 이 영화는 그리피스 천문대를 배경으로 한 첫 번째 영화로 알려져 있다. 흉상 아래에 "천문대에서

많은 영화들이 촬영됐지만 최초의 유명 작품으로, 천문대의 평판을 높이는데 기여한 공로를 인정해 흉상을 세운다"는 내용의 동판으로 만든 설명이 붙어 있다. 세계 각국에서 온 관광객들이 이 동상을 배경으로 사진을 찍는 장면을 구경하노라면 '제임스 딘이 유명하기는 한가 보다' 하는 생각이 든다.

천문대 뜰에는 파란색 잔디가 예쁘게 심어져 있다. 뜰 한가운데는 한국의 절에서나 볼 수 있는 사천왕상 같은 조각이 새겨져 있다. 뉴턴, 케플러, 갈릴레오 등 우리가 이름만 대면 알수 있는 유명 과학자들이다. 돔 지붕 위에는 고성능 망원경이 설치돼 있다. 밤이면 토성과 목성이 선명하게 보인다. 다만 줄을 서서 기다려야 하는 점은 아쉽다.

천문대 안으로 들어가면 푸코 진자가 지구 자전을 증명하고 있다. 지구 과학 시간에 많이 보던 것이라 금세 눈에 들어온다. 진자들 위로는 벽화가 있어 신비로운 분위기를 연출한다. 레이저 쇼에서는 9,000개의 별들이 천장에 투영되는 시공간 여행을 경험할 수 있다. 공연은 여러 차례 선보이기 때문에 티켓을 구입한 뒤 천문대를 둘러보고 시간에 맞춰 입장하면 된다.

이 천문대는 1935년 문을 열었다고 하는데 그 규모나 시설에 감탄이 절로 나온다. 천문대 입구에는 개장 75주년을 기념하는 현수막이 크게 걸려 있다.

놓칠 수 없는 LA 풍경

천문대에서 바라보는 LA 풍경은 그리피스 공원에서 빼놓을 수 없는 볼거리다. 특히 천문대에서 바라보는 LA의 야경은 환상적이다. 남서쪽 방향 바로 밑으로는 헐리우드 유명 호텔들을 알리는 네온사인들이 불빛을 깜빡인다. 남동쪽으로 LA 다운타운의 마천루들이 자연스러운 곡선을 뽐낸다. 끝없이 펼쳐지는 LA분지에서 거의 유일하게 고층빌딩들이 몰려 있어 더욱 눈에 선명하다. 바둑판처럼 구획이 잘 된 도로들은 바다로 인해 땅이 끝날 때까지 이어지고 그 도로 위에는 약간은 노란색처럼 보이는 가로등이 멋진 경치를 만들어낸다. 어둠이 시작되는 시간 무렵에는 멀리 고속도로 위를 오가는 차량들이 퇴근을 서두르는 것 같다. 밤에는 도시의 불빛들이 거대한 공기의 흐름에 몸을 맡겨 흐느적거리는 것이 대형 풍경 사진을 보는 듯하다.

여기저기서 카메라를 들이대고 야경을 담아낸다. 낮에도 그렇지만 워낙 경치가 좋아 대충 찍어도 잘 나온다. 초기 영화 제작자들이 이곳에 터를 잡은 것도 빛이 좋아 카메라만 들이대면 '그림'이 되기 때문이라는 게 저절로 이해된다.

천문대는 또 '헐리우드 사인' Hollywood Sign을 배경으로 사진을 찍기가 가장 좋은 곳이다. 이곳에서는 헐리우드 사인이 손에 잡힐 듯 한데 여기서 사인을 배경으로 전 세계 각지에서 온 관광객들이 자기 언어로 얘기하며 기념사진을 찍는 장면을 보는 것도 재미있다. 노래 가사처럼 제주도에 여행 온 신혼부

부들이 똑같은 사진 찍는 걸 구경하는 게 이런 걸까 싶다. 겨울에는 오후 6시 이후, 여름에는 8시 이후면 제대로 된 야경을 감상할 수 있다. 해가 있는 위치에 따라 도시 풍경과 바다 물빛이 시시각각 변한다.

더 이상 설명이 필요 없는 '헐리우드 사인'

그리피스 공원에서 빠뜨릴 수 없는 또 다른 하나가 바로 헐리우드 사인Hollywood Sign이다. 이 사인은 1923년에 세워져 금세 LA를 대표하는 명물로 자리 잡았다. 이제껏 전 세계의 수많은 젊은이들로 하여금 LA로 몰려들게 한 것도 바로 이 헐리우드 사인이었다.

헐리우드 사인은 그리피스 공원 내에서 가장 높은 봉우리인 '마운트 리' Mount Lee 남쪽 기슭에 세워져 있다. 산의 높이는 1,680피트(약 500m)로 LA시내 어디서나 볼 수 있다. 맑은 날에는 50km 정도 떨어진 곳에서도 볼 수 있다.

헐리우드 사인의 높이는 약 14m(45피트)로 5층짜리 아파트 높이쯤 된다. 이 사인의 구조는 단순하다. 이렇게 단순한 구조물이 세계적인 관광의 명물이 될 것이라고는 초기 건축업자들은 전혀 예상하지 못했을 것이다.

헐리우드 사인. 헐리우드 사인(Hollywood Sign)을 1년 내내 볼 수 있다는 건 LA에 사는 특권이다. 그리피스 공원은 헐리우드 사인을 가장 가까이서 볼 수 있는 지점이다.

원래는 부동산 개발 광고

헐리우드 사인은 원래 부동산 광고 목적으로 세워졌다. 광고판이 세워져 있는 일대를 개발하는 부동산 회사가 홍보를 위해 'HOLLYWOODLAND'라고 세웠지만 이후 'LAND'라는 네 글자가 없어지고 현재의 9글자로 남아 있다.

'헐리우드 사인' 공식 웹사이트(www.hollywoodsign.org)에 따르면 인부들이 필요한 자재를 끌고 올라갔다고 한다. 지금이야 도로가 잘 나 있지만 당시에는 오솔길이었다고 하니 인부들의 고생이 눈에 선하다.

그리고 초창기 헐리우드 사인의 모습은 지금과 많이 달랐다. 지금은 밤에는 헐리우드 사인을 볼 수 없지만 당시에는 글자를 따라 4,000개의 전구가 새겨져 밤에도 볼 수 있었다. '헐리'Holly와 '우드'Wood가 교대로 깜빡이면서 시민들의 시선을 끌었다고 한다.

1932년 9월 18일에는 한 여배우가 영화 출연이 취소된 걸 비관하며 자살하는 사건이 벌어지기도 했다. 펙 엔튀슬Peg Entwistle은 영화 'Thirteen Women'에 출연하는 것으로 결정되었다가 취소가 된 것을 비관, 'H'자에 기대뒀던 사다리를 타고 올라가 뛰어내려 스스로 목숨을 끊었다.

사람들은 이 후 'HOLLYWOODLAND'가 13자로 이루어진 것이 불길하다고 하여 4자를 없애고 지금의 9자로 만들었다고 한다. 가장 합리적이고 과학적이라는 미국 사람들에게 발견되는 여러 가지 미신적 요소 가운데 하나가 헐리우드 사인에도 남아있는 셈이다.

수년 전에는 이 곳의 명문 대학인 '칼텍'CALTECH 공대 학생들이 만우절 장난으로 밤샘 작업을 통해 'HOLLYWOOD'라는 글자를 'CALTECH'으로 바꿔놓는 해프닝이 벌어지기도 했다.

서울에 남산이 있다면 LA에는 그리피스 공원이 있다
- 초보자도 즐길 수 있는 하이킹 코스

그리피스 천문대와 헐리우드 사인에서의 투어가 끝났다면 산 정상까지 걸어보자. 헐리우드 산의 높이는 480m 정도지만 경사가 완만하기 때문에 초보자도 전혀 부담스럽지 않다. 너무 부담이 없어서 그런지 간혹 하이힐을 신은 젊은 여성이

나 아이를 유모차에 태우거나 아기띠를 맨 주부도 볼 수 있다. 왕복 1시간이면 충분한 거리이니 천문대에 차를 주차한 뒤 꼭 한 번 정상에 올라보길 권한다.

길을 따라 올라가다 중간 중간 뒤를 돌아다보면 LA 전경이 펼쳐지기 시작하는데 감탄이 절로 나온다. 가까이는 헐리우드가 오른쪽으로 보이고 멀리 서쪽으로는 산타모니카 도심을 지나 LA국제공항 앞바다도 눈에 들어온다.

1~2분이 멀다 하고 바다 쪽으로 비행기가 이륙했다가 자신의 목적지를 향해 기수를 돌리는 장면이 선명하다. 비행기를 보고 있노라면 '한국으로 가는 비행기도 저 가운데 있겠지' 하는 생각이 든다.

헐리우드 산 등산로. 경사가 심하지 않아 초보자도 쉽게 걸을 수 있다.

멀리 남쪽으로는 언덕 위의 부자동네 '팔로스 버디스' Palos Verdes와 팔로스 버디스 너머 '카탈리나섬' Catalina Island도 한

눈에 들어온다. 팔로스 버디스까지의 거리만 30마일(약 50km)이 넘고 카탈리나 섬까지는 50마일(약 80km) 거리다. 그렇게 먼 거리가 육안으로 보인다는 사실이 놀랍다고 느껴지는 순간, 서울에서 휴전선까지의 거리가 50km 정도 밖에 되지 않는다는 사실이 생각난다. 서울과 북한은 육안으로 볼 수 있는 정도로 가까운 거리였던 것이다. 휴전선에서 평양까지도 150km라고 하니 김정일 부자가 살고 있는 평양이 정말 가까운 곳에 있다는 생각이 든다.

그리피스 공원에서 촬영된 영화들

그리피스 공원은 헐리우드의 촬영 로케이션으로 그 인기를 높이고 있다. 산악지대는 물론 동물원, 골프코스, 박물관, 천문대 그리고 LA 전역을 바라볼 수 있는 파노라마 경치가 한 곳에 몰려 있으니 영화 촬영지로는 최적의 조건을 갖춘 셈이다. 데이트 장면을 찍을 때도 좋고 천문대가 있어 SF 영화 배경으로도 안성맞춤이다. 헐리우드와 차로 10분 거리에 있어 가깝다는 점과 LA시에서 관리하고 있어 비용이 저렴하다는 점도 그리피스 공원이 영화 로케이션 장소로 사랑받고 있는 이유다.

통계에 따르면 2010년 1분기 헐리우드의 영화 촬영 로케이션으로 가장 많이 이용된 장소도 그리피스 공원이란다. 실제로 주말 오전 그리피스 공원을 산책하다보면 곳곳에서 영화나 드라마, 혹은 CF를 촬영하는 장면들을 목격할 수 있다.

1915년 '국가의 탄생' Birth of a Nation의 전투 장면을 시작으로 그리피스 공원은 수많은 영화의 배경이 되어 왔다.

공원에 있는 회전목마는 1926년 디즈니 영화 촬영을 위해 설치되었다가 현재는 공원의 명물로 남아 방문객들의 사랑을 받고 있다.

백투더 퓨처와 배트맨 시리즈 그리고 예스맨

영화 '백투더 퓨처'의 배경이 된 곳이다.

차를 몰고 웨스턴 애버뉴에서 버몬트 애버뉴로 넘어가다 보면 조그만 터널을 하나 만나게 되는데 영화 '백투더 퓨처 1, 2' 모두 이곳에서 촬영됐다. TV 시리즈 가운데는 '배트맨 시리즈'가 유명하다. 1990년대 초반 한국에서도 방영된 TV외화 시리즈 '레밍턴 스틸' Remington Steele에서 여주인공이 경찰을 피해 도망하던 장면도 천문대를 배경으로 했다.

수년 전 미국으로 오는 기내에서 본 영화 '예스맨' Yes Man

(2008)에서 짐 캐리가 조깅하는 장면이 천문대 주차장에서 촬영된 것을 보고 반가워했던 기억도 난다. 그러고 보니 유독 짐 캐리가 등장하는 작품이 많다.

배우를 꿈꾸며 LA로 온 짐 캐리는 헐리우드 사인이 보이는 이곳에서 장래 성공을 약속하며 10년 뒤 날짜로 자신에게 수십만 달러의 수표를 지급하며 성공의 꿈을 키우기도 했다고 하니 감회가 남달랐으리라.

헐리우드 사인을 배경으로 한 영화도 많다. '프리티 우먼' Pretty Woman(1990) '벅시' Bugsy(1991) '인디펜던스데이' Independence Day(1996) '트루먼쇼' The Truman Show(1998) 등이 대표적이다. 2001년에는 아예 'The Hollywood Sign'이라는 제목의 영화가 나왔다.

동물원과 피크닉 구역

이 밖에도 그리피스 공원에는 볼거리, 즐길거리가 널려 있다. 하루 만에 공원을 다 섭렵하겠다는 생각은 애당초 하지 않는 게 좋다. 하루에 한 군데 이상 제대로 둘러보는 게 쉽지 않을 정도로 각각의 시설이 볼 게 많고 즐길 내용들이 풍성하다.

우선 그리피스 공원에서 빠뜨릴 수 없는 것이 동물원 LA Zoo 이다. 공원 북쪽 구릉에 위치한 LA 동물원은 약 1,200마리의 각종 동물을 보유하고 있어 가족 단위 방문객들이 하루를 보내기에는 딱 좋은 크기다. 필자 역시 최근에 연간 회원권을 끊어 시간이 될 때마다 가족들과 방문하고 있다.

동물원에서는 계절별로 다양한 이벤트를 마련하는데 최근에는 '아시아의 코끼리들' Elephants of Asia이라는 특별 전시회를 하고 있다. 크리스마스가 다가오는 12월에는 '루돌프 사슴' Reindeer을 공개하는 행사를 갖는데 이 때는 LA지역의 모든 방송국과 신문사들이 취재해 크리스마스 시즌이 시작됐음을 알리게 된다.

동물원에는 또 하루 2~3차례 30분 길이의 '새 쇼' World of Birds를 공연하는데 아이들에게 무척 인기다. 운이 좋으면 무대 앞에 나가 새와 함께 '깜짝' 공연을 하는 행운도 누릴 수 있다. 동물원 맞은편에는 '오트리 서부 유산 박물관' Autry Museum of Western Heritage이 있다. 이곳에서는 다양한 기념품, 예술품, 공예품 등을 전시하고 있다.

공원 곳곳에는 아이들을 위한 놀거리로 말타기 Pony Ride, 회전목마 1926 Carousel, 미니기차 등이 마련돼 있다. 테니스 코트와 골프 코스 그리고 자전거 도로에서는 각종 레저 스포츠를 즐길 수 있다.

버몬트 길로 올라가면 '그리스 노천극장' Greek Theater이 나타나고 여기서 조금만 더 올라가면 '새 보호구역' Bird Sanctuary이 있다. 이곳에서는 새들이 둥지를 틀게 하기 위해 나무와 관목을 많이 심어 놓았다. 숲의 조용한 전경과 지저귀는 새 소리에 휴식을 취하기 좋다. 공원 곳곳에 있는 잔디밭과 피크닉 시설에서는 날이 따뜻해지는 5월부터 가족이나 교회 단위의 단체 관람객들이 즐거운 시간을 보내곤 한다.

그리피스 공원은 누가 만들었을까
- 그리피스 공원을 있게 한 '그리피스 대령'

이쯤에서 그리피스 공원을 있게 한 그리피스 대령에 대해 좀 알아보자. 그리피스 공원은 그리피스 대령이 기부한 땅 위에 들어섰다. 그래서 그리피스 공원의 역사는 곧 기부자인 그리피스 대령의 역사다. 한 사람이 이렇게 넓은 토지를 소유했다는 사실도 놀랍지만 그가 이 넓은 땅을 과감히 시에 기증했다는 사실이 더욱 놀라울 따름이다.

'그리피스 J. 그리피스 경' Sir Griffith J. Griffith은 흔히 '그리피스 대령' Colonel Griffith으로 불린다. 그의 군대 생활 경력에 대해서는 논란이 있지만 그가 대령 계급을 획득했다는 증거는 찾을 수 없다. 그럼에도 불구하고 그의 이름 앞에 늘 대령이라는 계급이 따라 붙는 걸 보면 그의 성품이나 인생 역정이 결코 평범하지 않았다는 사실을 짐작할 수 있다.

필자는 그리피스 공원의 이름을 들을 때마다 그의 인생 역정에 대해 생각하게 된다. 모를 때는 공원 부지를 시에 기증할 정도로 훌륭한 사람이겠거니 생각했다. 하지만 그의 생애에 대해 조금 알게 되고부터는 '참으로 파란만장한 인생을 살았구나' 하는 생각을 갖게 되었다.

공원 개발 위해 시에 부지 기증

그리피스 대령은 1850년 영국의 웨일스에서 태어나 15세가 되던 1865년 뉴욕 항구에 도착했다. 4년 동안 계속되던 남북전쟁(1861~1865)이 끝나고, 링컨의 리더십 아래 전 미국이 하나로 막 통합하던 때이기도 하면서, 본격적인 서부 개척과 함께 철도와 광산, 유전 개발 등의 산업이 일어나던 때이기도 했다.

청년 그리피스에게는 기회의 시기였다. 좋은 아이디어와 열정만 갖고 있다면 부의 축적이 가능했다.

청년 그리피스는 샌프란시스코 신문에서 광산 전문 기자 생활을 하면서 광산업에 대한 지식을 쌓게 됐다. 이후 그리피스는 광산업에 직접 뛰어드는데 이를 통해 큰 부를 축적할 수 있었다. 그리고 32살이던 1882년 LA 부근 '로스 펠리스 목장' Rancho Los Feliz 일대를 구입하고 LA로 이주했다.

처음 목적은 타조 농장이었다. 당시만 해도 타조 깃털로 만든 여성용 모자가 흔히 사용되던 때였다. 그리피스 대령은 타조 농장이 들어서면 주변에 사람들이 몰려들어 주변 개발이 용이할 것으로 예상했다.

이 때까지도 그리피스는 결혼을 안 한 총각이었다. 1887년, 37세의 청년 사업가 그리피스는 14살 어린 신부인 '메리 아그네스 크리스티나 메스머' Mary Agnes Christina Mesmer 와 결혼하게 된다.

둘 사이에 아들이 한 명 태어나긴 했지만 그의 결혼 생활은 순탄치 않았다. 이름에서 알 수 있듯이 크리스티나 그리피스는 카톨릭 신자였다. 그것도 아주 독실했다. 반면 그피리스 대령은 개신교 신자였다. 둘의 종교는 비슷한 듯하지만 아주 달랐다. 어찌 보면 그의 인생의 비극은 종교가 다른 이 결혼을 통해 잉태되었는지도 모른다.

1896년 로스 펠리스 농장에 이상한 소문이 돌기 시작했다. 전 주인인 '안토니오 펠리스' Antonio Feliz의 유령이 농장에 출현한다는 것이다. 이를 계기로 그리피스는 농장을 LA시에 기증하기로 마음먹는다. 마침내 그리피스는 1896년 12월 16일 3,015에이커(약 12.2km²)에 달하는 농장을 LA시에 기부하게 된다.

당시 그리피스는 LA시의회에 부지를 기증하면서 다음과 같이 말했다고 하니 요즘 우리 사회에 절실히 요구되는 진정한 '노블리스 오블리제'의 실현이 아니었나 생각된다.

"It must be made a place of rest and relaxation for the masses, a resort for the rank and file, for the plain people. I consider it my obligation to make Los Angeles a happy, cleaner, and finer city. I wish to pay my debt of duty in this way to the community in which I have prospered."

"이 땅은 반드시 시민들을 위한 쉼과 휴식의 공간이 되어야 할 것입니다. 직위나 계급에 상관없이 평범한 사람들도 이러한 혜택을 누릴 수 있어야 할 것입니다. LA를 행복하고 더 깨끗하고 정제된 도시로 만드는 것은 저의 의무라고 생각합니다. 이렇게 함으로써 제가 부를 축적하면서 사회로부터 빚진 것들을 갚을 수 있기를 희망합니다."

일부에서는 그가 막대한 금액의 세금을 피하기 위해 땅을 기증했다고 주장하며 그리피스의 기증을 폄하하기도 한다. 하지만 그는 최소한 한국의 재벌들에서 볼 수 있는 것처럼 각종 편법과 불법을 동원해 탈세를 저지르지는 않았다.

부유했지만 행복하지 못한

어찌되었던 희극은 거기까지였다. 1903년 9월 3일 태평양 바다가 내려다보이는 산타모니카 아카디아에서 휴가를 보내던 그리피스 대령은 호텔방에서 자신의 아내에게 총격을 가하게 된다. 그리피스는 법정에서 아내가 교황과 짜고서 자신의 재산을 빼앗으려는 환상을 보았다고 진술했다. 호텔 웨이터 등의 진술에 따르면 사고가 발생하기 전부터 그리피스 대령은 보통 때와는 약간 다른 모습을 보이곤 했다고 한다.

총에 맞기 직전 그리피스 부인은 고개를 반대로 돌리면서 피해 죽음은 면했다. 하지만 그녀는 이 사고로 한쪽 눈을 잃게 됐고 얼굴도 흉하게 일그러졌다. 총을 맞은 그녀는 창문을 통해 밖으로 뛰어내렸고 다행히 호텔에 쳐져 있던 천막 위로 떨어져 겨우 죽음을 면했다.

당시 이 사건은 재벌 남편이 젊은 아내에게 총을 쏘았다는 극적인 요소 때문에 세간의 이목을 집중시켰음은 물론이다.

그리피스 대령은 최고 유명한 변호사를 고용해 살인 미수가 아닌 '살상무기를 사용한 폭행' Assault with deadly weapon 판결을 받아 2년 동안 복역하게 된다. 얼 로저스 변호사는 부인에 대

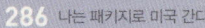

한 반대 신문에서 그리피스가 술을 마신 상태였으며 환각 증세를 보였다는 진술을 끌어냄으로써 감형에 성공했다.

하지만 그리피스는 이 사건으로 죽을 때까지 명예를 회복하지 못하는 상처를 입게 된다. 이 사건뿐 아니라 주변의 여러 사람들이 그리피스 대령의 성격이 독단적이고 편집증적인 요소가 있다고 진술하고 있다.

1904년 11월 4일 이들은 정식으로 이혼했다. 남편이 아내에게 총을 쐈으니 부부생활이 지속될 수 없는 것은 당연했다.

2년 동안의 감옥살이를 통해 그리피스 대령은 완전히 새로운 사람으로 거듭났다. 석방된 그리피스 대령은 본격적으로 공원 개발에 대한 꿈을 실현시켜 나갔다. 그리고 천문대, 노천극장, 소년소녀 캠프 건립을 위한 기금 10만 달러를 마련해 시에 기부했다. 당시로서는 무척 큰 액수였음이 분명했지만 LA시는 그리피스 대령의 나쁜 평판 때문에 이 돈을 받지 않으려 했다. 시민들은 그리피스 대령의 돈을 받아서는 안 된다는 내용의 주장을 신문에 기고하기도 했다.

그러자 그리피스는 아예 자체적으로 공원 개발에 나섰다. 그는 1912년에 공원 북서쪽 코너의 약 100에이커를 지정해 공항으로 개발했다. 이곳은 1939년까지 공항으로 사용됐다. 영화 '에비에이터' The Aviator(2004)의 배경이 되는 곳도 바로 이 공항이다. 현재는 LA동물원 주차장과 진 오트리 박물관, 축구장 등으로 용도가 변경돼 공항의 흔적을 찾을 수는 없다. 아이러니컬하게도 LA시정부가 본격적으로 공원 개발에 나선 건 그리피스 대령이 죽고 난 1919년 이후부터다. 당시만 해도 그리피스 공원부지는 LA시 다운타운과 멀리 떨어져 있었기 때문에 일부 시의원들은 도로를 새로 닦아야 하는 경제적 부담 때문에 공원 개발에 반대했다고 하니 불과 몇 십 년 뒤의 일을 내다보지 못하는 것은 한국 정치인이나 미국 정치인이나 마찬가지인가 보다.

지금도 유명 공연이 열리는 야외 노천극장인 '그리스 극장' Greek Theatre이 1930년에 완공됐다. 천문대에서 차로 5분 정도 떨어진 그리스 극장은 5700명 이상의 사람들이 모여 록이나 대중음악, 클래식 음악가들의 공연을 감상할 수 있다.

그리피스 사후 LA시가 본격 개발

천문대 공사는 1935년에 마무리됐다. LA시는 그 후 그리피스 대령의 원래 기증지에 더해 추가로 땅을 매입하거나 개인 사유지를 공유지로 전환하는 방법 등을 통해 현재 크기로 공원을 확대했다.

개인의 기부와 희생이 100년이 지난 지금에 와서 해마다 1000만 명 이상의 사람들에게 즐거움과 안식을 주고 있다. 그리피스 대령은 1919년 7월 6일 생을 마감했다. 사망의 직접 원인은 간질환이라고 하는데 아마도 술을 좋아하는 그의 생활 습관이 영향을 미친 듯하다.

그는 지금 자신이 꿈꾸었던 그리피스 공원 북쪽에 있는 '헐리우드 메모리얼 공동묘지' Hollywood Memorial Cemetery에 잠들어 있다. 지하에서마나 해마다 전 세계에서 몰려든 1,000만 명의 사람들이 자신이 토대를 닦아놓은 그리피스 공원을 찾아 휴식을 통해 삶의 활력을 회복하고 있다는 사실을 보면서 즐거워하고 있는지 모르겠다.

그리피스 공원

LA시정부가 관리하는 그리피스 공원에는 각종 볼거리와 구경거리로 인해 연간 1000만 명이 방문한다. 면적은 4,210에이커(약 515만평)로 전 세계에서 가장 넓은 도심 공원 가운데 하나다. 캘리포니아에서는 샌디에이고 '미션 트레일스 프리저브'(Mission Trails Preserve)에 이어 두 번째로 면적이 여의도의 두 배에 달한다.

미국 전체로 따져도 11번째로 큰 시 소유 공원이다. 흔히 뉴욕의 센트럴 공원과 비교되는데 센트럴 공원보다 훨씬 면적이 넓고 덜 인공적서어 자연의 모습을 그대로 간직하고 있다. 공원 관리 사무소(Rangers Station)에서 상세한 공원 지도를 얻을 수 있는데 매우 유익하다.

- **주소:** 4730 Crystal Springs Drive, LA, CA 90027
- **문의:** (323)913-4688
- **웹사이트:** www.ci.la.ca.us